日本文化シリーズ

縄文の世界はおもしろい

土谷精作著

エコハ出版

はじめに

縄文人や縄文時代というと、一般にどんなイメージをもたれるだろうか。戦後間もないころ、少年の私が学校で教わった縄文時代の姿は獣皮をまとった男たちが弓矢を手にして獣の狩りをするようなイメージであった。そんな挿絵があって未開社会のイメージをもったのだと思う。

戦後の混乱期を抜け出した日本は高度経済成長とともに土地の開発が盛んに行われ、全国各地で縄文時代の遺跡が次々に発見された。そうした縄文遺跡の研究成果はマスコミでも報道され、縄文時代の住居も各地で復元されたりして、縄文時代のイメージは少しずつ変わっていった。

そうした流れのなかで、青森県の三内丸山遺跡の発見は決定的な事件であった。ジャーナリズムの世界にいた私はもちろんこのビッグニュースを知っていたが、現地を見ていないだけに「ああそうか」といった程度の受けとめ方であった。

二〇一五年夏のことである。無事に傘寿を迎えた記念の意味をこめて、夫婦で東北の旅をした。秋田県の横手盆地に伝わる珍しい盆踊りを観たあと、日本海沿いに走る五能線の列車に乗り、青森県の三内丸山遺跡を訪ねる旅である。この東北の旅で訪れた三内丸山遺跡はとりわけ印象深いものがあり、「縄文人の知恵はすごい！」と驚かされた。

これに刺激されて縄文時代を勉強してみようと思いたち、まず自宅にあった『対話日本の原像』（一九八六年、中央公論社）という本を読んでみた。梅原猛《うめはらたけし》さんと吉本隆明《よしもとたかあき》さんという「知の巨人」二人が日本文化の基層を、縄文・弥生にさかのぼって論じた異色の対話録である。

梅原さんはこの対談のために書き下ろした「遥かなる世界からの眼を」という論文の中で、日本の深層文化に関して次のように述べている。

…私は、従来のように、アイヌ文化を日本文化と関係のない文化としてみる見方は間違いであると考える。そして、アイヌ文化を沖縄文化とともに、日本の基層文化である縄文文化が最も強く残った文化と考える。その文化に、日本文化の基層構造を解く鍵を見出すと同時に、人類がその生活の九八パーセントまでを占めてきた狩猟採集文明の意味を考え直す手掛かりを見つけようとする、巨大な仮説を持っている。

…この仮説を解明するには、自然人類学、考古学、歴史学、社会学、言語学、宗教学などの助けを必要とする。ひとりの学者がそういう多面的な学問を理解することはたいへん難しい。私はとにかく未完成ながらそういう仮説を追究したいが、おそらくそれが完全に実証されるのはまだ相当の年月が必要であろう。それがほぼ定説になるのは、おそらく私の死後であろう。

この文章をあらためて読んでみて私は目が覚める思いがした。この文章を書いたときから三十余年、梅原さんの仮説はすでに定説になっているのではないかと感じたのである。

梅原さんは、その後京都に設立された国際日本文化研究センターの初代所長に就任し、日本文化に関する学際的、国際的な研究を牽引してきた。自らも日本の深層文化についての論考を続け、その成果は梅原猛著作集第六巻の『日本の深層』（二〇〇〇年、吉川弘文館）にまとめられている。

私は梅原さんにはじまって縄文時代に関する各分野の専門家が書いた一般書をいろいろと読んでみた。考古学の小林達雄《こばやしたつお》さんと岡村道雄《おかむらみちお》さん、形質人類学の埴原和郎《はにわらかずろう》さん、分子人類学の尾本恵市《おもとけいいち》さん、環境考古学の安田喜憲《やすだよしのり》さん、言語学の小泉保《こいずみたもつ》さん、詩人で美術評論家の宗左近《そうさこん》さん、といった方々の著書である。

いずれも著名なその道の第一人者であり、日本人と日本の文化の源流が縄文時代にあることを論じている。（注1）

こうした方々の本を読んでいて感じたことがひとつある。梅原さんをはじめ小林さ

（注1） 参考にした本の題名と著者の簡単なプロフィールを巻末に掲載しておく。

ん、安田さん、宗さんらの視座には共通するものがあるということである。それは近現代の科学技術文明が自然環境の破壊をもたらしており、長い目で見たときには破局的な事態を迎えるだろうという危機の意識である。

そのときに、自然環境と共存した縄文人の世界は現代文明のアンチテーゼとして大きな意義をもっているという指摘は「なるほど」と感じさせられた。3・11の大津波と福島原発の事故を経験した今、梅原さんらの主張は「科学万能思潮への懐疑」という点でたしかに説得力をもっていると思う。

このなかで衝撃を感じたのは安田喜憲さんの「縄文文明」という言葉である。（注2）地理学者である安田さんは自然環境の変化と古代文明の比較研究を行い、環境考古学を提唱した。安田さんによると、世界の古代都市文明はいずれも五七〇〇年前に起こった気候の寒冷化と乾燥化が契機になって誕生したという。では、アジアの湿潤地帯にある日本列島に気象変動の影響はなかったのか。

古代のメソポタミア文明、エジプト文明、インダス文明そして中国文明が湿潤地帯と乾燥地帯のはざまを流れる大河のほとりで誕生したことはよく知られている。三内丸山遺跡が栄えた縄文時代の中期は世界の古代文明が誕生したのと同じ時代である。世界規模の気象変動に対応して縄文人の社会と文化もさまざまな変化を遂げてきたということで、日本列島の自然環境に巧みに適応した縄文文化は「文明の多様性」を示

（注2）安田喜憲『縄文文明の環境』

す意味で「縄文文明」というにふさわしいと安田さんは言う。

気象変動による自然環境の変化が人類の歴史にどのような影響をもたらしたのか、それを振り返ることは地球温暖化の危惧が現実のものとなりつつある現代文明の将来を考えるうえで役に立つのでないか。このように考える安田さんの著書を参考にしながら、自然環境の変化と文明の関係もみていきたいと思う。


本書の編集責任者である鈴木克也さんの依頼をうけて、二〇一六年十二月に鎌倉市内で開かれた研究会で『縄文の世界を語る』と題した講演をしたことがある。今回の原稿はこの時の草稿に加筆したものである。

縄文一万年の歩みをはじめ縄文人の起源や縄文社会の日常生活、さらに縄文人の精神生活などを探るには、発掘された先史時代の遺跡や今に伝わる伝承を手がかりにするしかない。縄文人の言語を復元する試みはなされているが、その言語を記した文字はない。したがって、梅原さんが言うように、縄文の世界を探ることは「ある推定に基づいて仮説」をたて「その妥当性を検討する」ことになるだろう。

もとより私はジャーナリストであって考古学の研究者ではない。縄文の世界を語る資格があるか疑問であるが、ジャーナリズムの現場で考古学や人類学、日本文化論などに関係するさまざまなニュースを扱ってきた経験はある。そうしたニュースを想起しながら、日本文化の源流である縄文の世界を紹介してみようと思う。

目　次

第1章　三内丸山遺跡を訪ねて

三内丸山遺跡の風景

「三内丸山」という地名から始めることにしよう。

ご存知のように、北海道には稚内《わっかない》、歌志内《うたしない》、幌内《ほろない》など語尾に「ナイ」がつく地名がたくさんある。アイヌの人々は地形によって地名を考え、渓（沢）を「ナイ」、川を「ベツ」、沼を「トウ」などと名づけたようで、「ナイ」をつけた地名は北海道だけでなく、東北各地にも残されている。三内丸山遺跡は陸奥湾に注ぐ川のそばにあり、やはり地形からつけられた地名であろう。

『大日本地名辞書』（吉田東吾著、明治三九年）で調べてみると、青森県東津軽郡に「野内《のない》」「入内《にゅうない》」「奥内《おくない》」などの地名を見ることができる。三内丸山遺跡の近くの地名である。今回の東北の旅では、秋田県雄勝郡《おがちぐん》羽後町《うごまち》に伝わる西馬音内《にしもない》の盆踊りをみてから三内丸山遺跡を訪ねたのであるが、この「西馬音内」の近くにも「院内《いんない》」「役内《やくない》」などの地名があり、いずれも沢のある地形である。

こうした地名はいつから始まったものであろうか。先史時代から続いた地名であることは間違いない。かつて東北地方や北海道に住んでいた縄文人が土地の名前に地形の特徴を示す言葉をつけ、それが地名として残されたと考えることが穏当であろう。アイヌの人々や東北地方の「蝦夷《えみし》」とよばれていた人々が縄文人の後裔であることを示す縄文人の痕跡といえるかもしれない。

1　三内丸山遺跡の縄文人はすごい！

三内丸山遺跡は東北新幹線の新青森駅からタクシーで一〇分くらいのところにある。夏空のもと、ガイドさんの解説を聞きながらゆっくりと遺跡をまわり、出土品などを展示する資料館として建てられた県立の縄文時遊館を見学した。

この遺跡の存在は江戸時代から知られていたが、平成四年（一九九二年）から始まった発掘調査によって、縄文時代の大規模な集落遺跡が発見された。従来の縄文時代観を一変させるような貴重な遺跡として国の特別史跡に指定されている。

三内丸山遺跡のマップ

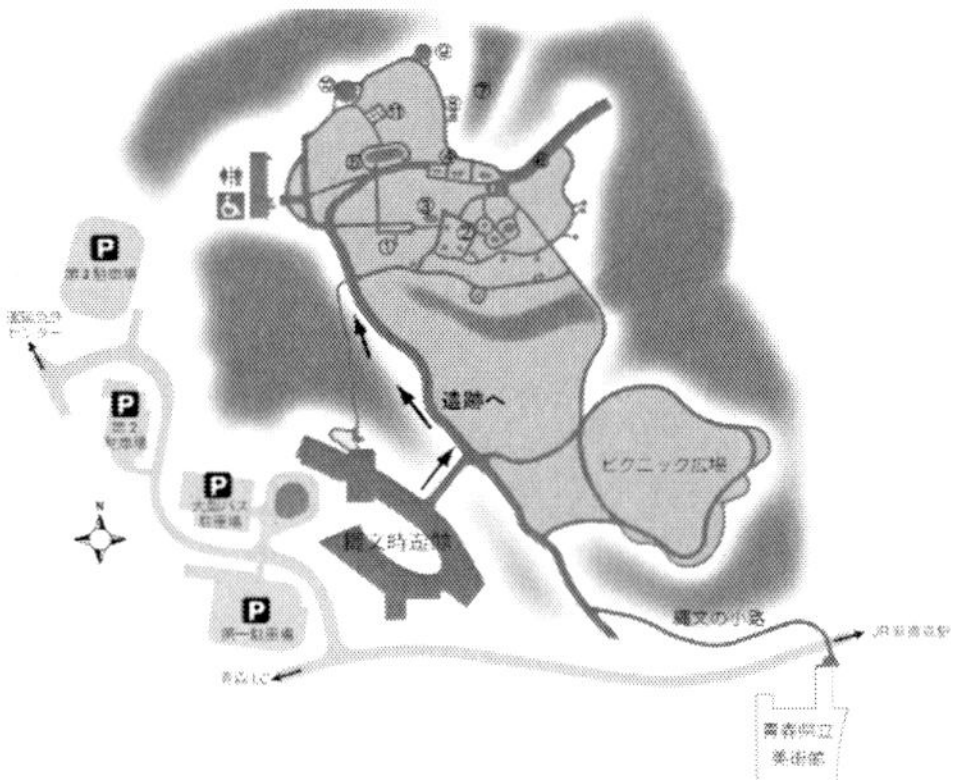

この集落は今から六〇〇〇年前の縄文時代前期中ごろに始まり、四五〇〇年前の縄文時代中期末まで一五〇〇年にわたって営まれたと考えられている。

遺跡の広さは四二ヘクタール。遺跡の西側にある沖館川は青森市内を北に流れて陸奥湾に注いでいるが、遺跡は沖館川右岸の河岸段丘にあり、標高はおよそ二〇メートルである。現在は陸奥湾の海岸線から五キロほど離れているが、今より温暖だった五〇〇〇年前は海水面が高く、海岸はもっと近かったと思われる。

竪穴式住居跡

広大な遺跡のあちこちから竪穴式の住居跡が六〇〇棟以上も発掘され、今も発掘調査が続けられている。重なっているものもあるから、一時期にこれだけの住居があったというわけではない。史跡公園として整備された遺跡中央の芝生の広場には、萱葺き、樹皮葺き、土塗りの三種の屋根を想定した竪穴式住が一五棟、復元されている。内部の広さは現代住宅の八畳間ぐらい、この住居で縄文人の家族はどのように暮らしていたのだろうか。

その一方、床面の長さが一〇メートル以上もある大型の竪穴式住居跡も二〇棟以上も見つかっている。下の写真は復元された床面の長さ三二メートルの大型建築で縄文時代中期のものと考えられている。内

三内丸山遺跡の竪穴式大型住居

部は広いホールのような感じで、宗教儀式など村人たちが集まる場所として使われていたのだろうか。床面に炉の跡がいくつかあったから、あるいは冬の間、共同で作業をする場所であったかも知れない。

この建物の近くでは、高床式と推定される掘立て柱の建物跡もまとまって見つかっている。掘立て柱の内側やその周囲には炉の跡が見つかっていないため、食料などを備蓄する高床式の建物があったのではないかと推定され、高床式の建物が三棟、縦列につながる形で復元されている。

こうした高床式の大型建築があったとすると、やがてこの建築様式が発展して古代の神社建築が生まれたのかもしれない。

六本柱建造物

六本柱建造物

三内丸山遺跡のシンボルは、天に向かって聳え立つ長方形で六本柱の大型建造物である。建物の高さは一五メートルで、六本の柱には直径一メートルの栗の大木が使われており、三層の床が設けられている。縄文時代にこれが！　と見る人を驚かせる。

遺跡を案内してくれたガイドさんの説明でもっとも興味をそそられたのは、夏至の日の出がこの六本柱建造物の長軸の延長線上から昇るという話であった。帰宅してすぐに読んだ小林達雄さんの著書『縄文人の文化力』のカバー表紙にその写真が使われていた。

この説明から考えると、三内丸山遺跡の縄文人たちは太陽の運行を観察して、何らかの形で記録していたはずである。長い間、その観察と記録を積み重ねることによって、縄文の人々は夏至と冬至、春分と秋分の規則性を認識し、そこに自然への畏敬の念を抱いたのではないだろうか。また、六本柱の建物を建てるときには、夏至の日の出の方角を正確に決め、柱の穴の間隔を正確に保つための設計図のようなものを用意していたのではないだろうか。栗の巨木を穴に立てる作業も簡単ではないはずだ。縄文人の知恵はなかなかのものであったといえるだろう。

この三内丸山遺跡を見て私の縄文時代像は一変した。縄文人はすごい！

道路跡

もうひとつ驚いたのは、集落のなかを通る縄文時代の道路である。発掘調査によって、軟らかい土を削ったり別の土をつき固めたりした幅の広い道路が見つかったのである。写真の道路はその上に木砕片を敷いて埋め戻したもので、道幅は五〜一五メートルもあり、道路の延長は八〇〇メートルになるという。

五〇〇〇年前の縄文人は何の目的で、どのようにしてこのような道路を造ったのであろうか。あの巨大な建造物に使われた栗の木は数トンの重さがあったという。巨木をコロで転がすために、大勢の村人が力を合わせて土をつき固めたものだろうと思った。その組織力と技術力はかなり高度なものであったといえるかもしれない。

この下に縄文時代の道路があった。

墓跡

この道路の両側からたくさんのお墓の跡が見つかっている。長さ一～二メートルほどの穴に葬られた成人の墓跡で五〇〇基以上あり、道に足を向けて向き合うように葬られているという。石を直径四メートルほどの円形に並べたお墓もいくつかあり、指導者的な立場にあった人物のお墓ではないかという。

2 出土品が語る豊かな暮らし

三内丸山遺跡では今も発掘調査が行われている。私が訪れたときは遺跡の西側にある林の中で発掘作業が行われていて、縄文土器の破片とともに長さ三〇センチ、太さ一〇センチくらいの石の棒がみつかっていた。写真の中央にあるのが石の棒である。男性のシンボルを象った信仰の対象だという説があるようだが、あとでふれることにしよう。遺跡の北東の端に小さな谷がある。幅は一五メートル、深さは三～五メートルほどで、集落で暮した人々のゴミ捨て場であったという。この谷底に堆積した泥炭層の中からさまざまな遺物が発見された。

大量の土器の破片をはじめ、食料にした動物や魚の骨、植物の種子、日用品と思われる木製品（掘り棒や櫂状の木製品ほか）など出土品は多種多様で、植物の繊維で編んだ編物の残欠も出土している。谷底に堆積した泥炭層は水分が多く、空気がさえぎられていたために、木製品や編物なども腐らずに保たれていたのである。この泥炭層に含まれる木片の年代測定（C 14測定法）によって、泥炭層は五七〇〇年前から三五〇〇年前までの間に形成されたことがわかっている。

環境考古学の提唱者である安田喜憲さんはこの谷でボーリングを行い、採取した土に含まれる木や草の花粉を年代ごとに分析した。安田さんの著書『縄文文明の環境』によると、集落が営まれ始めたころから突然、花粉の種類が変わり、クリやクルミなど堅果類の花粉、とりわけクリの花粉が異常なほど高い比率で検出されたという。これについて安田さんは「明らかに縄文人たちが意識的にクリを栽培・管理し

ていたことを示している」と述べている。

三内丸山の縄文人は集落の周辺にクリやクルミの林を人工的に作り出し、その実を収穫してさまざまな方法で食べていたというのである。この遺跡からは木の実などをすりつぶすのに用いたと思われる石器も出土している。この時代、クリの実は縄文人の大切な植物性カロリー源であった。

さらに、ヒョウタン、エゴマ、マメなどの種子も出土していて、こうした植物も栽培していたと考えられている。縄文人は山野に自生する植物を採集するとともに多様な食用植物の栽培技術をすでに獲得していたのである。

動物性タンパク質についていうと、三内丸山の縄文人は野ウサギやムササビの肉をたくさん食べていたようである。シカやイノシシの骨はむしろ少なく、小型のウサギやムササビの骨が大量に出土したという。また、イルカやアザラシなど海獣の骨も出土しており、森での狩りとともに海での漁も行っていたようだ。

三内丸山遺跡の資料館には動物の角や骨で作った大小さまざまな縫い針が展示されていて、樹皮を撚って編んだ編物の残片もあった。**「縄文のポシェット」**とよばれている樹皮製の編物は漆が塗られていて、袋の中にはクルミの実があったという。このポシェットにクルミをつめ、弁当として持ち歩いていたのだろうか。

縄文のポシェット

三内丸山遺跡では細長いバケツのような形をした平底の土器が大量に発掘されている。**円筒土器**とよばれているもので、あまり壊れていないものも含めて土器が重なって見つかったという。大きな集落が一五〇〇年も続いていたのだから大量の土器が見つかるのは不思議なことではないが、貴重であったはずの土器をわざと壊して捨てたようにも見えるということで、何らかの儀式が行われた跡かもしれない。この円筒土器は東北北部から北海道にかけて多く出土しており、津軽海峡をはさんで同じ**円筒土器文化圏**があった証拠だという。

下の写真は三内丸山遺跡で出土した高さ三二センチの板状の土偶で、**十字型土偶**とよばれている。隈取のある両眼と大きく開かれた口が印象的である。三内丸山では板状土偶の破片千七百点が見つかっているが、その多くは故意に破壊されたものと考えられている。板状の土器は何のためにつくられ、何のために壊して廃棄されたのであろうか。縄文人の精神生活を探る手がかりかりになるかもしれないと思った。

このほか見事に加工された翡翠《ひすい》の珠など縄文人の精神生活を想像させるものも出土しているが、彼らの生活は意外なほ

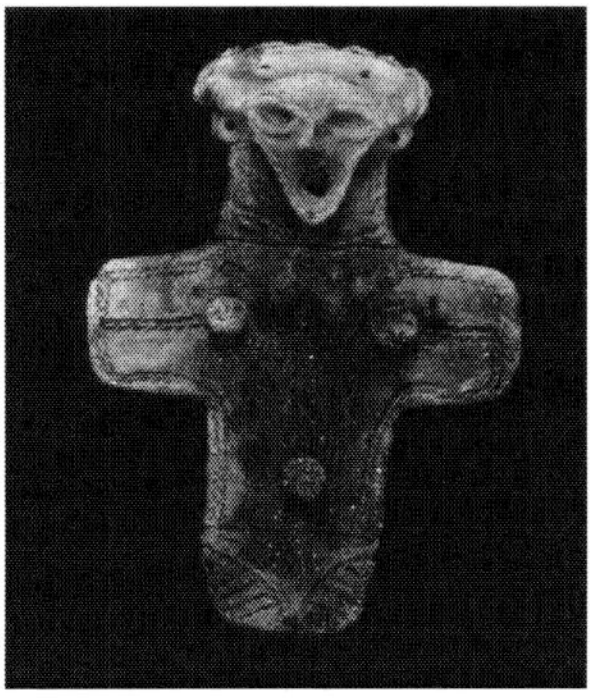

三内丸山・十字形土偶

ど豊かであったのかもしれない。縄文人の生活や社会、縄文人の心については章をあらためて探ることにしよう。

第2章　縄文1万年の歩み

モースの記念碑

明治十年（一八七七年）六月十九日のことである。東京大学で生物学の講義をするため、二日前に来日したアメリカの動物学者、エドワード・モースは列車で横浜から新橋に向かう途中、現在の大森駅を過ぎたあたりで線路際の崖に貝殻が積み重なっているのを列車の窓から見つけた。

モースは明治政府の許可を得た上で、九月から大森貝塚の発掘調査を始め、貝殻の堆積のなかから多くの土器や土偶、石斧や石鏃、鹿や鯨の骨などを発見した。遺跡は**大森貝塚遺跡庭園**として整備され、縄文土器をあしらった石碑が建てられている。

モースは大森貝塚の研究をまとめた報告書を二年後に出版したが、この報告書のなかで、出土した土器を**「cord marked pottery」**と記している。縄紋土器、あるいは縄文土器という言葉はこれを翻訳したもので、モースは土器の紋様を観察して

エドワード・モース

紐か縄をかたどったものとみたのであろう。

その後、日本列島の各地で出土した縄文土器は実に多様で、その型式は詳しく区分されている。時代差や地域差を識別するのに利用されているが、土器の型式上の区分などによって縄文時代は草創期から晩期まで六期に分けられている。

下の図と次ページの表は縄文時代の考古学研究の第一人者、小林達雄さんの著書『縄文の思考』の年代観に従って、各時期の代表的な遺跡や特徴を記したものである。

この表によると縄文時代は一万五〇〇〇年前に始まったことになる。縄文時代の開始は一万二〜三〇〇〇年前と書いている本もあるが、これは長崎県佐世保市にある**福井洞穴**から出土した最古の土器の炭素年代測定値が一万二七〇〇年前の値を示したことによるもので、炭素年代の測定値を補正した暦年代で示すと一万五〇〇〇年前ということになるという。地球上の氷河期が終って間もないことになる。これに基づいて縄文時代一万年の歩みをみることにしよう。

図表1　縄文時代の主な遺跡

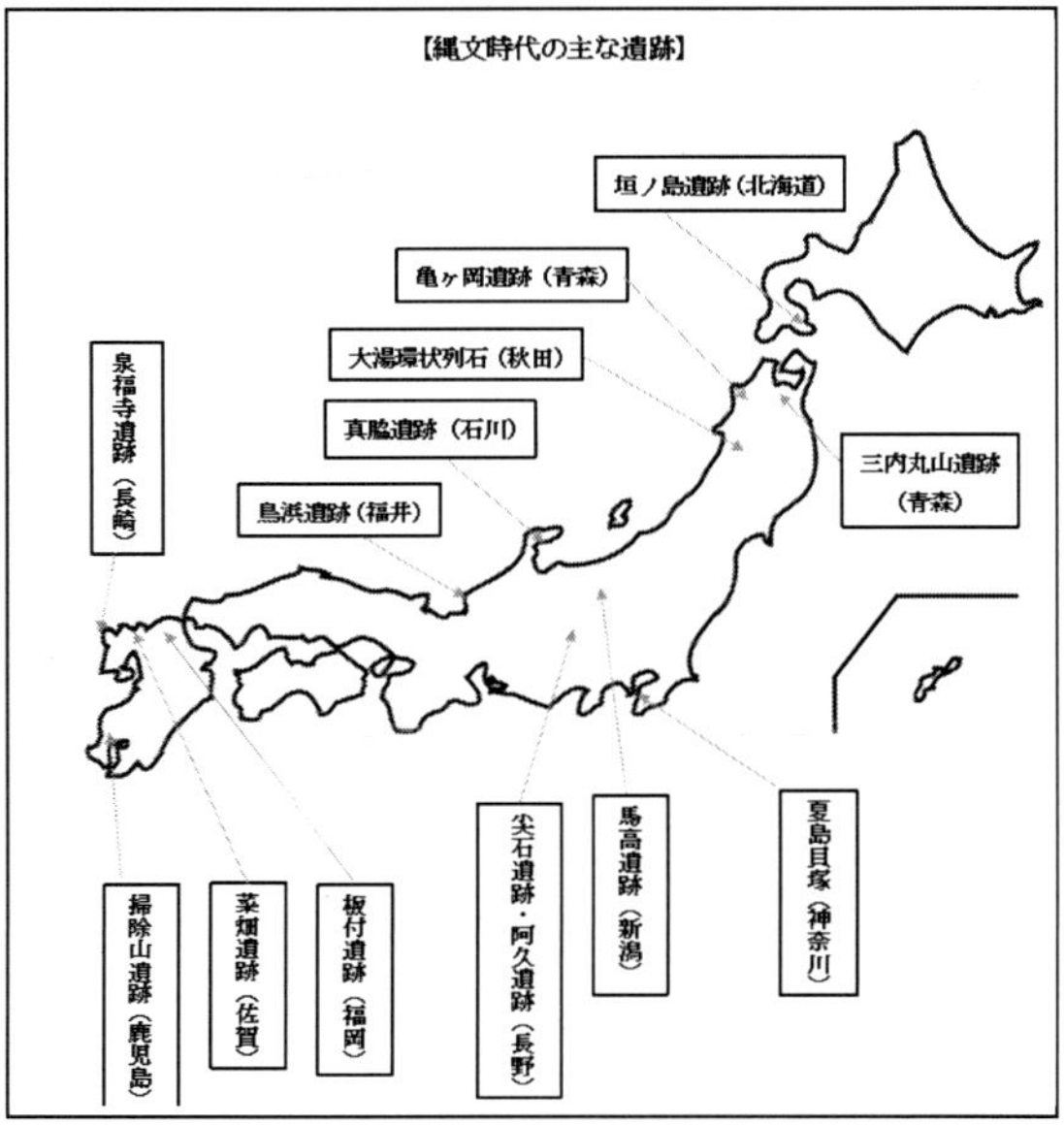

著者作成（2018.6）

図表２ 縄文時代の主な遺跡と特徴

	年代	代表的な遺跡	遺跡の特徴
草創期	15,000年前 〜 11,000年前	・泉福寺洞窟遺跡（佐世保） …世界最古級の土器出土 ・掃除山遺跡（鹿児島） …炉や磨り石のある住居跡	・旧石器時代から縄文時代に移行する時期の遺跡 ・日本列島の西南地域は温暖 →土器を使う定住生活開始
早期	11,000年前 〜 7,300年前	・夏島貝塚（横須賀） …底の尖った土器が出土 ・垣ノ島遺跡（函館） …赤漆塗りの植物繊維出土	・初期に形成された貝塚 （外洋性の魚の骨も出土） ・北海道も縄文文化圏 （早期に始まった漆文化）
前期	7,300年前 〜 5,500年前	・鳥浜貝塚（福井県三方湖） …漆塗りの櫛や縄も出土 ・阿久遺跡（長野県原村） …環状集石群の中央に石柱	・縄文のタイムカプセル （丸木舟でイルカ漁も） ・石柱から蓼科山を遠望 （何らかの祭祀の場か？）
中期	5,500年前 〜 4,500年前	・三内丸山遺跡（青森） ・尖石遺跡（長野） …湧き水と木の実と土偶と ・馬高遺跡（新潟） …火焔土器の出土	・縄文文化の最盛期 ・八ヶ岳高原に点在する遺跡群 （落葉広葉樹の豊かな実り） ・火焔土器の造形美 （縄文人の美意識）
後期	4,500年前 〜 3,200年前	・大湯環状列石（秋田） …二重の石組みと日時計 ・津軽海峡をはさんで広がる地域文化圏（ストーンサークル）	・ストーンサークルの謎 （夏至の日没と秀麗な山） ・「北海道・北東北の縄文遺跡群」 （世界遺産暫定リストに記載）
晩期	3,200年前 〜 2,900年前	・亀ヶ岡遺跡（津軽）の土偶 ・真脇遺跡（能登）の木柱列 ・菜畑遺跡（唐津）と板付遺跡（福岡）の水田遺構	・大木を縦割りにしたウッドサークル（祭祀の場） ・弥生時代への移行期（水稲栽培の開始と環濠集落発生）

1　縄文最古の遺跡は西南日本から（草創期）

長崎県の佐世保市にある**泉福寺洞窟遺跡**《せんぷくじどうくついせき》は旧石器時代から弥生時代まで断続的に住居として利用された遺跡で、小高い丘の南向きの岸壁に四つの洞穴があり、近くには湧き水があって住居として利用するのに好適な場所といえるようだ。

この洞窟から出土した土器のなかには口縁部に豆粒のような文様を貼り付けたものがあり、豆粒文土器《とうりゅうもんどき》とよばれている。福井洞穴の土器と同じように古い時代の土器であり、世界的に見ても最古級の土器とされている。

愛媛県松山市の西南にある久万高原町で発見された**上黒岩岩陰遺跡**《かみくろいわいわかげいせき》も縄文時代の草創期から後期にいたるまで一万年近くにわたって利用されていた岩陰遺跡である。この遺跡からは細隆起線文土器《さいりゅうきせんもんどき》とよばれる草創期の土器とともに、扁平な小石（礫《れき》）に女性像を鋭い石器で刻んだものが出土している。一万年以上前の女性像は豊かな乳房と腰蓑のようなものを描いており、縄文人の何らかの信仰を表現したものではないかという。

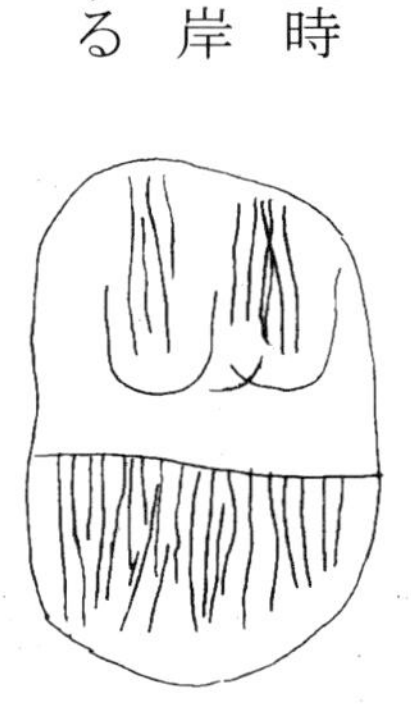

小石に刻まれた女性像

さらに鹿児島市の南部にある**掃除山遺跡**《そうじやまいせき》も縄文時代草創期の遺跡である。この遺跡も南向きの斜面にあり、一万一五〇〇年前に降った薩摩火山灰層の下の地層から二棟の竪穴住居跡が発見された。この住居跡には舟形や円形をした配石炉、つまり地面に穴を掘って火を焚いた調理用の施設があり、磨り石や石皿、つまりドングリやクルミなどの木の実をすって粉にするための道具類が出土している。

九州や四国など日本列島の西南地域には旧石器時代から縄文時代に移行する時期の遺跡が多いようだ。氷河期が終わって温暖な気候になると、西南日本から太平洋沿いに落葉広葉樹林と照葉樹林が広がってゆき、人々は土器を使って木の実を食料源とするようになったのであろう。それとともに獣を追って絶えず移動する生活に代わって、土器などを何箇所かに置いて暮らす半定住の生活を始めたものと考えられている。定住生活に入ったことは、人間の暮らし方が変わったことを意味し、画期的な事件であった。

2 北海道にまで広がった縄文文化（早期）

縄文時代の早期は一万一〇〇〇年前から始まり、七三〇〇年前に縄文時代前期に移行したとされている。

鹿児島県の**上野原遺跡**は霧島市国分に工業団地を造成する工事中に発見されたも

ので、もっとも下の地層から四六棟の竪穴式住居跡が見つかっている。このうちの一三棟の竪穴は櫻島の爆発によって降り積もった火山灰に埋まっていた。この爆発は九五〇〇年前のものとされ、縄文時代早期の前半には大規模な定住生活が営まれていたと考えられている。

この住居跡からは石蒸し料理用の集石遺構や燻製料理用の炉、さらに二筋の道の跡も発見されており、一万年前の縄文人の生活はすでにかなりの水準に達していたといえそうだ。上野原遺跡は日本で最も古い定住集落とされている。

神奈川県横須賀市の**夏島貝塚**は縄文時代の早期でも初期に形成された貝塚で、夏島全体が国の史跡に、また出土品は国の重要文化財に指定されている。夏島は元来、東京湾に浮かぶ島であったが、大正時代に周辺が埋め立てられ、現在では東京湾に突き出た半島のようになっている。島の山頂部にある貝塚からは撚り糸状の文様を施した底の尖った土器が出土しており、一万年以上前の土器とみられている。

縄文人はこの土器を地面に突刺すように置いてまわりで火を燃やし、魚などを調理したものであろう。近くの海で獲れるクロダイ、スズキなどのほかマグロ、カツオなど外洋性の魚の骨も出土しており、丸木舟で沖に乗り出す漁労も行われていたと思われる。

上野原縄文の森　復元集落

縄文時代早期の遺跡は北海道函館市でも発見されている。太平洋側の噴火湾に流れる垣ノ島川《かきのしまかわ》の段丘に立地する**垣ノ島遺跡**で、九〇〇〇年前（早期）から三五〇〇年前（後期）まで六〇〇〇年にわたって定住生活の場になった集落の遺跡である。

このうち、九〇〇〇年前のものとみられる時代早期の墓穴（土坑墓）から漆を塗った装飾品が発見されている。編んだ植物繊維に赤い漆を塗ったもので、中国の河姆渡遺跡《かぼといせき》で発掘された漆のお椀（六二〇〇年前）よりはるかに古い漆工芸品といわれている。

函館市・垣ノ島遺跡全景

3 鳥浜貝塚は「縄文のタイムカプセル」（前期）

縄文時代前期の代表的な遺跡として福井県の**鳥浜貝塚**《とりはまかいづか》をみることにしよう。

鳥浜貝塚は昭和三十六年、若狭湾国定公園の三方五湖《みかたご》のひとつ、三方湖の東南を流れる高瀬川の護岸が崩れたことがきっかけで発見された。海面

遺跡は三方湖の右端

が現在よりも高かった縄文時代前期は写真の右下にある丘陵が三方湖に突き出た岬のような地形であった。

その岬の先端部に近い低湿地帯の地下三〜七メートルのところから、貝殻をはじめ動物の骨、植物の種子、土器や石器や骨角器、さらに木製品や漆製品、繊維製品など多彩な遺物が発掘された。その遺物は草創期から早期、さらに前期まで縄文時代の長い年月にわたっている。

丘陵の南側斜面には竪穴住居の跡が見つかっていて、ここで暮らした鳥浜の縄文人は岬の先端から湿地帯に貝殻などを投棄したものと考えられている。海抜ゼロメートル以下の湿地帯に水漬けの状態で埋没していたため空気が遮断され、木製品をはじめ漆製品、繊維製品など貴重な遺物が腐食を免れて姿を現したのである。これによって縄文人の生活の姿が明かになったことが多く、鳥浜貝塚は**「縄文のタイムカプセル」**といわれている。

発掘された木製品では石斧の柄、しゃもじ、スコップなどのほか、植物繊維の編み物や縄も出土している。なかでも調査関係者を驚かせたのは赤い漆を塗った櫛で、鳥浜貝塚で漆製品が発見されたとき（昭和五十年）は大変なニュースであった。

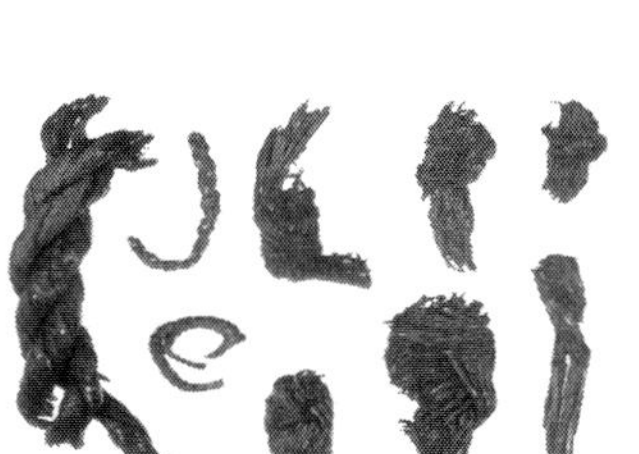

発掘された各種の縄

縄の発見も貴重である。縄文土器は縄を転がして文様をつけたとされているが、縄そのものは残りにくい。ところが鳥浜遺跡で最終的には一八〇点もの縄が発見されたのである。細い紐のようなものから綱のようなものまでいろいろあり、縄の撚り方も右撚り、左撚りなどさまざまである。魚の骨を利用して作った縫い針も発見されているので縄文人はすでにかなりの編物技術を習得していたというべきであろう。

大型の木製品として丸木舟が発見されている。長さ六メートル、胴の幅六〇センチ、内側の深さ四〇センチで、直径一メートルを超える杉の大木を二つに割り、内側をくり抜いて作ってある。舟体の厚さは三・五〜四センチで、削りやすいように火で焦がしながら大木を削って形を整えたものと推定されている。丸木舟は鳥浜貝塚の近くにある**ユリ遺跡**からも発掘されており、縄文人は三方湖から若狭湾にも乗り出して漁労活動をしていたのであろう。

出土した魚の骨をみると、スズキ、クロダイなど岸辺近くで釣れる魚だけでなく、マグロ、カツオ、ブリ、サメなど外洋性の魚の骨が含まれている。さらにイルカ、シャチ、クジラといった鯨類の骨もあり、鳥浜の縄文人は丸木舟を連ねて沖に漕ぎ出し、イルカなどを湾内に追い込んで漁をしていたのではないだろうか。

一方、ドングリやクルミなど堅果類の種子とともにヒョウタン、ウリ、ゴボウなど栽培種の植物遺体も検出されている。スコップ状の木製品が出土していることをみると、農耕生活とまではいえなくても、栽培種の種子をまく作業くらいはしていたのではないかと思われる。このような遺跡が形成されたのは縄文時代前期の後半にあたる六〇〇〇～五五〇〇年前のことで、このころが鳥浜縄文人の最盛期であったという。

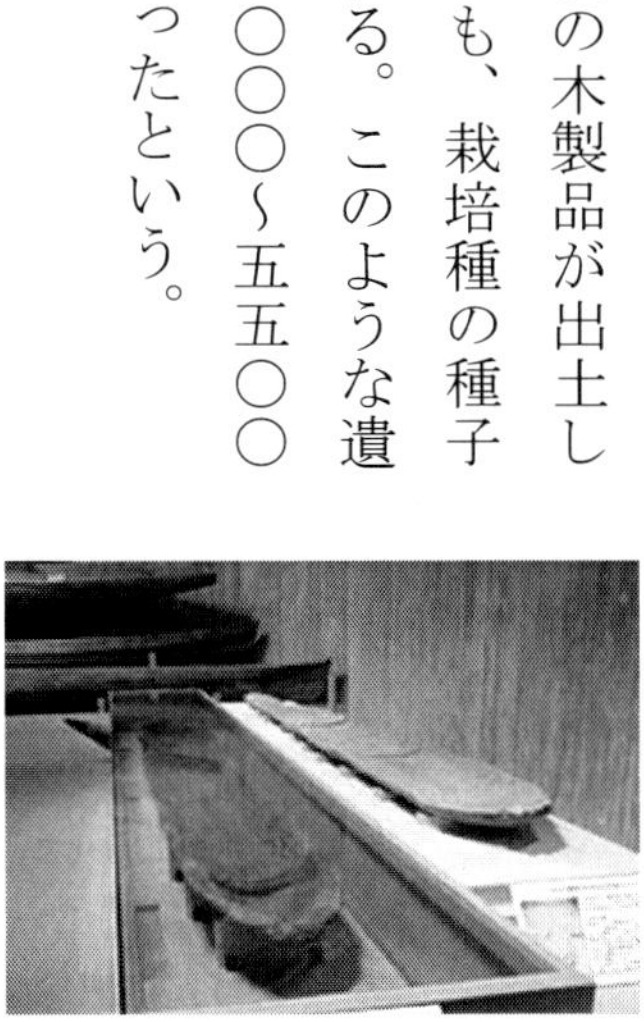
鳥浜で出土した丸木舟

4　五千年前は縄文文化の最盛期(中期)

三内丸山遺跡で代表されるように、縄文時代の中期（五五〇〇～四五〇〇年前）は縄文文化がもっとも栄えた時代であった。

このころ、東北地方の北部から北海道の南東部にかけては規模の大きな集落があちこちで営まれている。函館市の**大船《おおふね》遺跡**では一〇〇棟を越える竪穴住居跡と大規模な盛り土遺構が発見されており、岩手県一戸町の**御所野《ごしょの》遺跡**でも大規模な住居跡と盛り土遺構が発見されている。青森県つがる市の**田小屋野《たこやの》貝塚**では北海道産の黒曜石が出土しており、津軽海峡を越えた交流があったことを物語っている。

そこでは四季折々の魚貝類をはじめ森に棲む小動物、木の実や山菜など、海と森の食料資源を循環的に利用し、規模の大きい集落の周りにはクリの林を植えて管理していた。想像以上に豊かな食生活であり、縄文人の人口の増加をもたらしたものと思われる。クリの大木を利用して巨大な建築物を作る技術をもち、多くの人々が共同して道路などの土木事業を行うことができる社会システムがあったことも見逃せない。縄文時代の中期は縄文文化が急速に発展した時代であった。

縄文時代中期の遺跡は東北から関東、甲信越、北陸の各地方でも数多く発見されている。このうち長野県富士見町の**井戸尻遺跡**《いどじりいせき》や長野県茅野市の**尖石遺跡**《とがりいしいせき》は中期の代表的な遺跡で、八ヶ岳の山麓一帯にはいくつかの縄文時代中期の集落遺跡が点在している。いずれも海抜八〇〇～一〇〇〇メートルの台地にあり、豊富な湧き水と木の実をたくさん採集できる環境が備わっていたため、集落が形成されたものと考えられている。

この一帯は現在でもからりとした気候の土地であり、乾燥した気候を好むブナやナラなどの落葉広葉樹が広がっていたと思われる。このため他の地域の縄文人もドングリなど森の食材が豊かな八ヶ岳周辺に集まってきて人口が増えたものであろう。井戸尻や尖石の遺跡で発掘された深鉢などは堅果類の貯蔵や調理用のもので、造形的に優れた大型土器も多い。

縄文遺跡が多い八ケ岳山麓

私はかつて長野放送局に勤務していたとき、井戸尻遺跡の研究に取り組んだ地元諏訪市出身の在野の考古学者、藤森栄一さん（故人）が縄文農耕論を唱えていたことを覚えている。藤森さんは「ドングリなどを主食とする縄文時代中期の生活文化のなかから焼畑農業が生まれた」と考えていたが、当時は農耕の存在を証明する栽培植物が検出されていなかったため、藤森さんの縄文農耕論は否定されていた。

しかし、三内丸山遺跡の発見などにより、縄文時代中期にクリの栽培が行われていたことが確実となり、藤森さんの縄文農耕論はその先見性が評価されるようになっている。縄文時代中期には狩猟採集だけでなく食用食物の栽培があったことが今では定説になっており、それを生活の基盤として大規模の集落が形成されていたのであろう。

お隣の新潟県を流れる信濃川の上中流域には、火焔《かえん》土器が出土した縄文時代中期の遺跡が集中している。

下の写真は長岡市関原町にある**馬高遺跡**《うまたかいせき》から出土した火焔型土器で、昭和十一年に地元の近藤篤三郎氏によって発掘された。深鉢の全体に燃え上がる炎を連想させるような装飾が施されていることから火焔型土器とよばれている。口縁部にある把手《とって》の部分には鶏冠《とさか》のよう

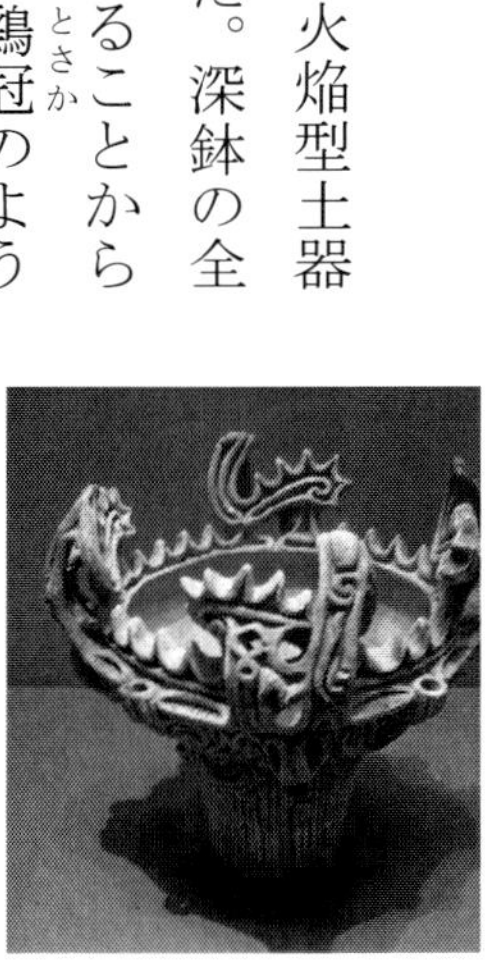

な装飾があり、縄文文化を代表する土器として東京国立博物館に展示されている。

このような火焔型土器は新潟県の信濃川中流域を中心に長野県北部、福島県西部、北陸や北関東の一部など、東日本各地に広がる二〇〇ヶ所以上の遺跡で出土している。不思議なことにこの火焔型土器は縄文時代中期になって突然に出現し、中期が終わるころには姿を消している。

5 ストーンサークルを築いた縄文人（後期）

縄文時代後期（四五〇〇〜三二〇〇年前）になると、環状列石とよばれるストーンサークルが秋田県から青森県、そして北海道の道南・道央地方にかけて数多く出現する。そのひとつ、秋田県鹿角《かづの》市にある**大湯《おおゆ》環状列石**をみることにしよう。

この遺跡は秋田県と青森県の県境に近い山間の丘陵台地にあり、十和田湖の南、十数キロの内陸部に位置している。大小、多数の川原石を環状に並べた大きな石の輪が東西に一三〇メートル離れて二つあり、輪の最大直径は大きいほう（万座遺跡）で五四メートル、小さいほう（野中堂遺跡）は四四メートルである。この大湯環状列石は日本で最大のストーンサークルであり、日本の縄文遺跡を代表するものとして三内丸山遺跡とともに国の特別史跡に指定されている。

下の写真は環状列石の外側で発見された建物跡を復元しているが、川原石は雑然と置き並べたものではなく、数個から十数個の石を円形や菱形に組み合わせた石組みの集合である。石組みの数は万座遺跡で四八基、野中堂遺跡で四四基ある。

二重の同心円上に石組みが配置されていて、外輪と内輪の中間に一本の立石を中心にして細長い石を放射状に並べた石組みがある。その形から「日時計」とよばれているが、日時計として使われたものかどうかはわからない。同じ秋田県内の伊勢堂岱《いせどうたい》遺跡（後期）にも四つのストーンサークルがあり、ここにも日時計のような石組みがある。これについては第4章でとりあげることにしよう。

秋田県・大湯環状列石

このほか青森県の弘前市と平川市、岩手県の八幡平市、さらには北海道でも噴火湾に面した森町の鷲ノ木遺跡などで多くのストーンサークルが発見されている。このように東北地方から北海道にかけて発見された多くの縄文遺跡はこの地域に共通の文化があったことを示している。（注4）

縄文時代が後期に入ったころ、関東地方の東京湾や霞ケ浦の沿岸地方では安定した集落が営まれ、大規模な貝塚も形成された。モース博士が見つけた大森貝塚はその一つである。このころには濃縮した海水を専用の土器で煮詰める塩の生産が行わ

（注4）これらの遺跡を「北海道・東北縄文遺跡群」としてユネスコの世界文化遺産に登録しようとの動きがある。（詳細は第9章）

れ、タカラガイなど南の海で採れる貝で作った腕輪も供給されるようになっていた。しかし、晩期に向けて寒冷化が進むと、関東地方の縄文集落は次第に衰退し、貝塚も小規模になっていった。

6 西日本に復活した縄文社会（晩期）

縄文時代の晩期（三二〇〇〜二九〇〇年前）を代表する北日本の遺跡としては青森県の亀ヶ岡遺跡が有名である。

亀ヶ岡遺跡は津軽平野の西部を流れる岩木川左岸の丘陵とその両側の低湿地にまたがっていて、造形的に優れた土器や土偶、植物製品、装飾に用いたとみられる玉類などが大量に出土している。このうち精巧な文様を施した土器や赤い漆を塗った土器は縄文土器の造形美を代表するといわれている。

また遮光器土偶とよばれる不思議な顔をした大型の土偶が出土していて、遮光器のような眼の形が何を意味するか謎になっているが、これについては第5章で取り上げるようにしよう。

一方、縄文時代の晩期になると、北陸地方や東海地方に大規模な環状

亀ヶ岡遺跡出土の土器

集落が営まれるようになる。
そのうちの一つ、石川県能登半島で入江の奥から発掘された**真脇遺跡**では環状の木柱列（ウッドサークル）が発見された。直径七メートルの円形に一〇本の木柱が等間隔に立てられていて、入り口を思わせる木柱もある。柱はすべてクリの木で、直径一メートルもある大木を縦割りにして、割った面を外側に向けて立ててある。このウッドサークルは六回も建て替えられたとみられている。

このころ、西日本の縄文社会はどうなっていただろうか。
縄文時代の中期は東北地方北部を中心に東日本が発展していたが、西日本は中期の遺跡が少なく、人口は東日本の十分の一程度であったようだ。ところが四五〇〇年前の縄文時代後期になると、大阪湾周辺の遺跡の数が急に増加し、人口も東日本の五分の一程度になったという。

さらに、三七〇〇年ぐらい前になると、九州地方にも大規模な貝塚が営まれるようになった。後期から晩期にかけての竪穴住居が一六〇〇棟も発見されているのである。長い歳月をおいて久しぶりに西日本の縄文社会が復活した形である。これは後期からの寒冷化によって、落葉広葉樹を交える豊かな森が西日本にも広がり、縄文人の生活基盤が再生したことによるものだと考えられている。

晩期には稲作が始まっていて、佐賀県唐津市にある**菜畑《なばた》遺跡**では日本最古の水田跡が発見されている。この遺跡は唐津湾に近い緩やかな丘に立地しており、集落の近くにある低湿地から水田の遺構が確認されたのである。写真は復元された水田で、二十平方メートル程度の小さな田圃が四枚ある。水田の遺構は幾層も重なっていたが、最も下の層の水田遺構は縄文時代晩期にあたる二九三〇年前（炭素測定法の補正年代）と測定されている。

また、福岡平野のほぼ中央にある**板付遺跡**では、縄文時代晩期の地層から大きな区画の水田跡と木製の農機具、さらに用水路に設けた井堰などが発見されている。菜畑遺跡に次いで古い水田遺構である。

注目すべきことは竪穴住居の集落の周りに環状の濠が設けられていることである。環濠は南北一一〇メートル、東西八〇メートル、幅一～五メートル、深さ一～二・五メートルの規模で、濠の断面はV字型をしており、内側に土塁を築いていたと推定されている。この環濠集落からは青銅製の矛や剣が出土しており、環濠は集落の防御を目的として築かれたことを示している。

菜畑遺跡の復元水田

日本列島の歴史は縄文時代から弥生時代に移行する時期に差しかかっていたといえるだろう。

第３章　縄文人の生活を探る

縄文の土器

縄文一万年の歩みのなかでみたように、五千年前の縄文時代中ごろ、温暖な日本列島には森と海を巧みに利用した縄文文化が栄えていた。発見された多くの縄文遺跡は自然と共生した縄文人の生活と自然を畏敬した縄文人の心を示している。

以下、第１章と第２章で紹介した三内丸山遺跡や尖石遺跡などを念頭におきながら、縄文人の衣食住の生活を描いてみよう。

１　縄文ムラの立地と住まい

縄文時代の遺跡は小高い丘の上の平坦な台地で発見されることが多い。竪穴式住居を構えるには湿潤な低地を避け、水はけのよい、それでいて水場に近い台地を選ぶことが望ましい。また、食料を確保するには落葉広葉樹の広がる森に囲まれ、海や河川湖沼に近いことが望ましい。彼らはこうした立地条件を備えた台地を見つけ出し、森を切り拓いて集落を構えたものと思われる。

縄文時代中期の集落は中央に円形の広場があり、それを取り巻くように竪穴式住居が配置されていることが多い。規模はさまざまであっても、このような集落の構造は縄文時代を通じてあまり変化することはなかったようだ。


いうまでもなく竪穴式住居とは地面を掘り下げて居住空間を作り、地面に掘った穴にクリなどの丸太を建ててその上に、屋根を被せた形の住居である。深さは七〇センチ程度、広さは八畳間か十畳間くらいのものが普通で、それぞれに五~六人の家族が住んでいたと考えられる。

穴の形は円形、楕円形、方形など時代と場所によってさまざまであるが、複数の柱を建て、縄で梁や垂木をつなぎ合わせて家の骨組みをつくっている。こうした建築技法は弥生時代以降も引き継がれ、東北地方では室町時代のころまで竪穴式住居が造られていたという。

屋根はアシやカヤなどの茎で葺いたものが多いが、土葺きや樹皮葺きの屋根もあったという。三内丸山遺跡にもそうした住居が復元されていたが、左下の写真は縄で結んだ屋根の構造を示している。

長野・与助尾根遺跡

竪穴式住居の内部の構造をみると、床面の中央に地面を掘り下げた炉や石で囲んだ炉が設けられているのが普通である。この時代、炉の火種は大切である。火種を絶やすことのないよう炉で枯れ木を燃やし続けていたと思われる。その役割は女性が担っていたのではなかろうか。

炉から立ちのぼる煙は屋根の窓から排出されるが、煙はカヤ葺き屋根の防虫に役立つものである。日本の農山村では近年まで囲炉裏のある家が多かったが、囲炉裏の煙は屋根の維持に役立っていた。私も田舎の家で祖母に命じられて炉の火を見守った経験がある。縄文時代から連綿と伝えられた生活の知恵ではないかと思う。

人間が定住する場所には水場がなければならない。住まいの近くに豊富な湧き水か、枯れることのない小川や谷川が流れていれば最高である。丘の斜面を少し歩いてもきれいな川が流れていればよい。

陸奥湾の浜辺に近い三内丸山遺跡は近くを流れる沖館川右岸の河岸段丘にある。ここに集落を作った三内丸山の人々は沖館川を水場としていたのであろう。また、八ヶ岳山麓に集落を作った尖石遺跡や井戸尻遺跡などの人々は八ヶ岳から流れる谷川の水や豊富な湧き水を水場にしていた。

竪穴式住居の内部

おそらく彼らは毎朝のように水場まで出かけて水を汲み、住居に持ち帰って大型土器の甕《かめ》にためていたと思われる。水を持ち運ぶ容器は木桶あるいは獣皮で作った皮袋だったかもしれないが、水をためておく容器は大型の甕であったはずである。こうした水汲みの生活は明治時代以降でも多くの日本人が行っていたことである。小川や湧き水の多い日本列島の自然環境を生かしていたといえる。

大河のほとりに生まれた古代都市文明は大規模な土木工事によって生活用水を確保していた。インダス文明の遺跡は大規模な都市計画によって建設され、下水道や水洗トイレの設備、プールのような大浴場などを備えていたことが知られている。自然の水を利用することができない、ある意味では苛酷な環境であったため、大規模な都市計画を考えたのであろう。

中央アジアから西南アジアにかけての乾燥地帯にはカナートあるいはカレーズとよばれる地下水路がある。遠く離れた山麓に井戸を掘り、蒸発を避けるために地下深く掘ったトンネルで水を運ぶもので、この水路が断たれれば人々の生活は失われる。驚嘆すべき技術によって建設されたように見える古代都市文明は苛酷な自然環境を人の手で大きく変えることによって生まれたといえるだろう。

これに対し、水に恵まれた自然環境のなかで暮らしていた縄文人の生活は、人類の文明のなかでどのように評価したらよいのであろうか。

2 縄文人は「森と海の生態学者」

次に縄文人の食生活をみることにしよう。

狩猟ではシカとイノシシが主な対象になっていた。シカとイノシシは縄文ムラの周りに広がる森や林に生息し、繁殖力が強い。獲物は肉の量が多く、縄文人の貴重な蛋白源であったと思われる。本州の山岳地帯ではクマやカモシカ、北海道ではヒグマとエゾシカなど大型獣の狩りも行われていたが、縄文遺跡から出土した獣骨はウサギ、タヌキ、カワウソ、ムササビなど六〇種類になるという。

湖沼に近い遺跡ではガンやカモの漁が盛んに行われ、キジやハクチョウ、スズメやツグミなどの小鳥まで多様な鳥類が狩りの対象になっていた。また石川県の**真脇遺跡**では大量のイルカの骨が発掘されており、クジラやオットセイの骨も各地の遺跡から出土している。このほかスッポンやアオウミガメも食用になっていたことが知られている。

こうしてみると、縄文人は日本に生息していた四季折々の動物すべてを食料資源として利用していたことがわかる。

黒曜石の剥片を加工した石鏃《せきぞく》の弓矢は森での狩りに大いに威力を発揮した。弓は現在の和弓のような長弓ではなく、森の中でも使い

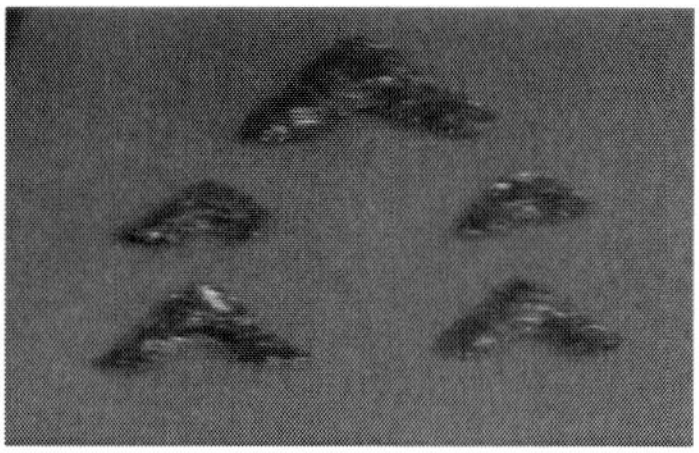

縄文早期の黒曜石石鏃

（横須賀市内で出土）

やすい短弓であったと思われる。
大型の獣や海獣などをしとめるには投げ槍や銛なども使われていたが、ワナやオトシ穴も盛んに利用されていたようだ。縄文時代早期の**夏島貝塚**では犬の骨が発見されており、縄文人の狩りには犬も重要な役割を果たしていた。

狩猟は多くの人々が一糸乱れずに行動しなければならない。狩りをする前に綿密に打ち合わせ、情報を連絡しあって獣を追いこむことが大切である。そのためには狩りの対象になる獣がいつ、どこで、どのように行動しているか、獣それぞれの生態を知り尽くしていなければならない。

こうした情報は子から孫へと代々語り継がれ、縄文ムラの共通の知識として継承されていたことであろう。現代人はこうした知識を失ってしまったが、縄文人は現代人をはるかに上回る**「森の生態学者」**であったと思われる。

確かに、狩りは主要な食料確保の手段であったが、縄文人が木の実を主食としていたことは間違いない。各地の縄文遺跡で木の実の貯蔵穴が見つかっており、深鉢の形をした土器の内部に木の実の炭化物がこびりついたものが数多く出土している。採取や保存が比較的容易な木の実を主な食料としていたことは明らかである。

縄文人が食べた主な木の実はカシ、クヌギ、ナラ、シイなどブナ科のドングリをはじめ、クリ、クルミ、トチノキなど落葉広葉樹の木の実であった。シイやイチイガシのドングリはそのまま食べられるが、アラガシやアカガシのドングリはアク抜きをするため、水にさらすことが必要である。アクがもっとも強いトチノキの実は水に浸したうえ、乾燥して保存し、食べるときに磨り石で粉にしたうえ、灰汁と混ぜて水場の棚に置いて水にさらしてアクを抜くという。

こんなに手間をかけてもトチノミを食べたのはトチノミのカロリーが高いことを知っていたからであろう。現代でも東北地方の山間部ではトチノミで作った栃餅が土地の名物になっている。

クリは縄文時代の早い時期から食用に利用されてきた植物で、各地の縄文遺跡でクリの皮の堆積やクリの貯蔵跡が見つかっている。三内丸山遺跡では花粉の分析によってクリが管理、栽培されていたことはすでに述べた。縄文人は集落の周りに広がる雑木林を切り拓くとき、野生のヤマグリを残しながら新たにクリの実を植えて栗林を育てていたものと推定されている。

植物性の食物は木の実だけだったわけではない。春にはワラビ、ゼン

函館・大船遺跡出土のクリ

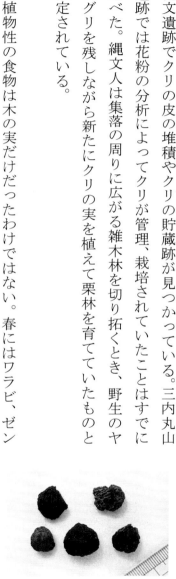

マイ、コゴミのような山菜を採り、秋にはキノコやイモ類などを採集して食料にしていたと思われる。各地に伝わる古来の習俗などからみても多種多様な山野草を食材にしていたはずである。

そこで、日本人が昔から食用としてきた山野草を思いつくままにあげてみることにしよう。まず「セリ、ナズナ、ゴギョウ、ハコベラ、ホトケノザ、スズナ、スズシロ、これぞ七草」の歌が思い浮かぶ。このような山野草を早春の野で摘み取り、神事としてこれを食することは日本人古来の習俗であった。

万葉集の冒頭を飾る雄略天皇の歌は春の野で若菜を摘む乙女に自らの身分を明かして求婚する心をおおらかに歌っている。このような習俗は雄略天皇の時代よりはるかに古い、おそらくは縄文時代から受け継がれてきたものであったと考えたい。

考古学者の小林達雄さんによると、縄文人が食べていた魚は七〇種類にのぼるという。春になると内湾に回遊してくるイワシを網で獲り、夏が近づくとマダイやクロダイを釣っていたようだ。そのクロダイはいつでも釣れるものではない。秋が深まり水温が下がってくると、クロダイは沖の深みに移動してしまい、冬場にクロダイを釣ることは難しい。縄文人は魚の旬の季節を心得ていて釣っていたようだ。

三内丸山遺跡から出土した魚の骨のなかには、丸木舟を操って沖に行かなければ獲れないカツオやマグロの骨がかなりの量で見つかっている。青森県下北半島沖で獲れる大間《おおま》マグロは絶品とされ、築地市場でものすごい高値がついたというニュースもあったが、三内丸山の縄文人は天候が安定する夏場に丸木舟を操って津軽海峡に乗り出し、マグロ漁をしていたのかもしれない。

東日本の河川には、秋から初冬にかけてサケやマスが群れをなして遡上してくる。縄文人はこれを大量に捕獲し、干物や燻製にして冬場の保存食料にしていたようだ。大きな石にサケが群泳するさまを線刻した「サケ石」が秋田県や岐阜県の縄文時代中期とされる遺跡で見つかっている。

小林さんによると、海からかなり離れた内陸部の貝塚からフグの骨が大量に発見された事実があるそうで、縄文人は現代のわれわれと同じようにフグが大好きだったという。もちろんフグ毒にあたるのを避けるために内臓を傷めずに取り除く知識と技術も身につけていたはずである。

魚の生態をよく知っていた縄文人は魚を根絶やしにしないよう限度を守って漁をしていたというべきで、縄文人は**「海の生態学者」**でもあったといえるだろう。

このように縄文人は四季折々の食材を巧みに利用して生きていた。その食生活は動物性の食料資源に偏ることなく、植物性の食料資源も多種多様なものを食材にして、バランスの取れたものであった。しかも食材魚や獣を獲りすぎてその種が途絶えてしまうことのないように限度を心得ていたのではないかという。

小林さんはこのような縄文人の生き方に着目し、縄文社会は自然と共生した循環型社会であったと述べている。小林さんが四十数年前に発表した**「縄文人の生活カレンダー」**は縄文人の一年間の生活を一目瞭然に図で示し、循環型の生活様式を見事に表現しているので、ここに引用しておこう。

図表3 生活カレンダー

（出所）小林達雄著『世界遺産縄文遺跡』

3 編布《あんぎん》をまとっていた縄文人

縄文人はどのような衣類を着ていたか。

狩猟で得た獣皮を加工して身に着けていたことは容易に想像されるが、縄文人が植物性の布を衣服に利用していたことは間違いない。縄文遺跡から植物繊維を編んだ布の断片がまれに発見され、土器を作る過程で布の模様がついたものも発見されているからである。

また、かなり古い遺跡から魚の骨に細い穴をあけた針も発見されているので、なめした獣皮や布を縫って衣服を作っていたことも確かだろう。しかし、石器や土器と違って衣類は残りにくいので、縄文人がどのような衣類を身に着けていたか、正確なところはわからない。

確かなことは、縄文人が植物から採った繊維を撚《よ》って糸や紐を作り、それを編んで布を作る技術をもっていたことである。そこで東北地方の山間部で古い伝統を受け継ぐ狩人、いわゆる「またぎ」の衣服や北海道のアイヌの人々、さらには海外の山の民や海の民などの衣服を参考にして縄文人の服

編布の袖無し
（十日町市博物館）

装を考えることになる。

参考になるのは各地の縄文遺跡から出土した土偶の服装である。土偶の多くは乳房と腰回りの豊かな女性像であり、なかには裸婦像のような土偶もあるが、多くは脚部をゆったりした筒形の服装で表現している。縄文時代の女性は山野を動き回って木の実を採集していたので、動きやすい服装をしていたのだろうか。


縄文人の布はどんなものであったか、参考になるのは新潟県の魚沼地方に伝わる越後アンギンである。

編布《あんぎん》と表記されるアンギンは麻の仲間であるカラムシやアカソなどの茎の皮から採った繊維を撚って糸を作り、それを原料として編んだ布である。下の写真は新潟県の津南町に伝承された**越後アンギンの器具**で、ムシロやスダレを作るのと同じ要領だといってよいだろう。これと同じ方法で編まれた布の残欠が東北から北陸にかけての縄文遺跡九か所で発見されている。

もっとも古いものは福井県の**鳥浜遺跡**から出土したもので、六〇〇〇年前の縄文時代前期に編まれたものと推定されている。越後アンギンは縄文時代の布の製作器具や製作技法を継承していたのである。

越後アンギンの器具

三内丸山遺跡からは**「縄文のポシェット」**とよばれる漆塗りの編み物の袋や石を磨いて模様を入れたペンダントが見つかっている。鳥浜遺跡からも漆を塗った櫛が出土しており、縄文時代の女性はかなりおしゃれであったかもしれない。そう考えると、縄文人の女性はかなり派手な模様を染めた編布《あんぎん》の服をまとっていたと考えたい。

4　定住生活の道具いろいろ

縄文時代中期を代表する三内丸山遺跡や尖石遺跡を思い浮かべながら、縄文人の衣食住の生活をみてきた。一万年以上も続いた縄文時代であるから、その住まいや食べ物、調理の仕方や身に着けるものまでいろいろと変わってきたことだろう。しかし、生活の根拠地を変えずに定住する生活様式は縄文時代を通じて変わらなかった。

縄文時代以前の氷河時代は、数家族、あるいは数十家族の集団が大型獣を追って移動する「遊動生活」であった。こうした遊動生活では狩りをする成年男子が中心になり、移動の足手まといになる老人や子どもが犠牲になることもあったであろう。

定住生活では老人の生活の知恵は尊重され、その生活の知恵は子どもたちに引き継がれていく。定住生活こそ縄文時代の本質だという意見に私も賛同する。

定住生活を維持するにはさまざまな道具が必要である。時代と地域によって違いがあるのは当然だが、縄文人が用いた日常生活の道具類を整理してみよう。各時代、各地域で発掘された道具を使用目的から分類すると、まず狩猟、漁労、採集という食料を確保するための道具がある。

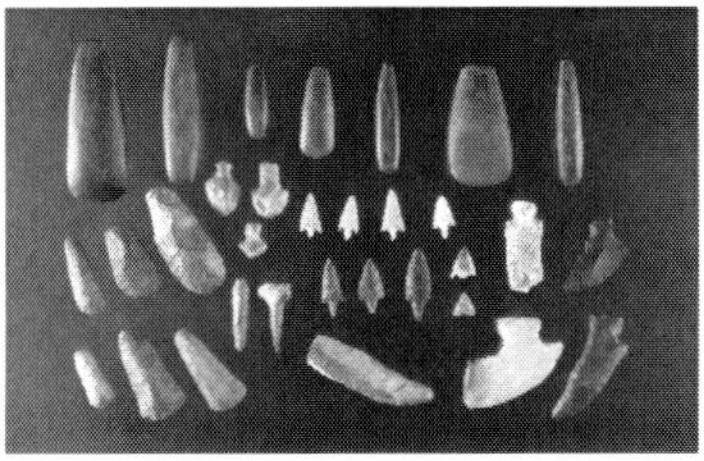
青森・小牧野遺跡の石器

狩りの道具

このうち狩りの道具として普通に使われたのは弓矢である。森のなかでの狩りには短弓の方が使いやすいが、矢の先端に取り付けられた石鏃《せきぞく》（石の矢尻）の貫通力は相当なもので、石鏃が突き刺さったシカやイノシシの骨が各地で出土している。弓矢は森の小動物や鳥の狩りにも威力を発揮したようである。石鏃《せきぞく》には鋭い貫通力のある黒曜石が多く使われたが、その産地については第5章でとりあげる。

狩人に向かって突進してくるイノシシに立ち向かうのは危険が伴い、逃げ足の速いシカを射止めるのは狩りの技が必要である。「森の生態学者」であった縄文人はイノシシやシカの通り道（獣道）を調べあげ、落とし穴を仕掛けていた。落とし穴の形や深さはいろいろであるが、穴の底に杭を立てて獲物が跳躍して逃げることを防いでいたという。縄文人の狩りの知恵である。

イルカやオットセイのような海獣の狩りには投げ槍や銛のような飛び道具が必要である。穂先の基部に紐を通す孔があり、相手に命中すると紐を手繰りよせて仕留める強力な道具（離頭銛《りとうもり》）もあったという。この離頭銛はマグロなどの大型回遊魚の漁にも用いられていたようだ。

漁労の道具

漁労活動に使われた道具も多様である。シカの角などで作った大小さまざまな釣り針が各地の縄文遺跡から出土しており、釣り針は縄文人の生活を支える重要な道具であった。釣り針には水中でも丈夫な紐が必要なことはいうまでもない。植物の繊維で丈夫な紐や縄を作る技術は縄文人の生活を支える基盤的技術であったといってもよいだろ

釣り針と銛頭（入江・高砂貝塚）

う。

紐を編んで網を作り、海や湖沼に網を張る漁も行われていた。網を垂らす石の錘《おもり》も各地で見つかっている。福井県の**鳥浜遺跡**で発掘された丸木舟も海に漕ぎ出して漁をする縄文人の大切な道具であった。

土器

しかし、縄文人の定住生活を支えたのは木の実やマメ類、山菜などの採集であった。木の実の採集には竹を編んだ籠などが利用されたことであろう。実は重要なカロリー源であったが、ドングリやトチの実は灰汁《あく》抜きをしなければ食用にならない。灰汁抜きのために木を組んだ水場も作られたが、これも定住生活を支えた道具の一つといえるだろう。

一般に自然界にある植物は堅かったり、毒性があったりしてそのままでは食べられないことが多い。それを食料として利用することを可能にしたのは煮炊き用の土器の発明であった。生のままでは食べられない植物も煮れば柔らかになり、毒も消せる。これを知った縄文人は煮炊き用の深鉢を作って食料利用の幅を広げたのである。以下、生活のために作られた縄文土器について要点を記してみよう。

夏島遺跡出土の土器

人類の土器の使用はいつどこではじまったか。かつては土器の起源を西南アジアに求める学説が幅を利かせていた。麦作農耕の穀物を貯蔵するために土器を使用するようになったという西洋流の学説である。しかし中国大陸で先史時代の古い土器が発掘され、日本列島でも縄文時代草創期（一五〇〇〇〜一一〇〇〇年前）に広く土器が使われていたことが立証されたことによって、今では「西南アジア単一起源論」は否定されている。

人類の生活様式は世界各地の環境条件によって多様であり、土器の起源も多元的に求めるべきだと考えるようになったのである。そのなかで縄文土器は世界に先がけて古い時代に出現していることは間違いない。人類の文化史を多元的にとらえる考え方につながる意味があると考えたい。

縄文土器の形については深鉢が煮炊き用として最も早い時期から使われていた。煮炊きした食品の焦げた炭化物が内部にこびりついた鉢が多く見つかっているからである。第2章で紹介した**夏島遺跡**の底の尖った深鉢や**尖石遺跡**の大型の深鉢など、深鉢の形態は時代や地域によってさまざまである。

深鉢に水を満たし、貝や魚、山野の若草や海藻などを入れて竪穴式住居の炉や広場のなかの食事場に深鉢を立てる。

火を燃やしながら煮えあがるのを待ち、出来上がった料理を浅鉢に盛って先祖の霊に捧げたあと、みんなで深鉢を囲んで食事をする。こんな縄文ムラの光景が目に浮かぶ。みんなで鍋を囲む土鍋料理は私の好物の一つであるが、現代の土鍋料理は縄文の食文化を受け継いでいるのかもしれない。

垣ノ島遺跡・漆製品

食生活に使われた土器は後になると、サラダボールのような浅鉢や土瓶のような注口土器が現れる。北海道の**垣ノ島遺跡**で見つかった注口土器は漆を塗った見事なものである。ある種の草を煎じたお茶のようなものを注いだのか、はたまた魚介類をゆでたスープのようなものを注いだのか、想像するしかない。

木製品

炊きした料理を取り分ける皿や椀、しゃもじや匙のような食器はおそらく木製であったろう。残念ながら石器や土器と違って木の製品は残りにくいが、おそらく多種多様な木製品が使われていたはずである。世界でも最も早く漆製品を作り、三内丸山遺跡の「縄文のポシェット」のような見事な生活の道具を作った縄文人である。

木や竹、蔦のような植物を利用して精巧な生活用品を作る技術をもっていたと考えたい。

ひと昔前の日本人は農作業に竹籠や箕《み》を使い、縁側にすだれを垂らして涼をとっていた。東北地方をはじめ各地に伝わる「曲げわっぱ」は今でも弁当箱などに使われている。なかでも秋田の「大館曲げわっぱ」は有名である。木材を薄く削った木の板を楕円形に曲げてつなぎ弁当箱にする技術は後世のものであろうが、このような木の細工物の起源は縄文時代に遡るのではないだろうか。

縄文土器の複雑性

縄文土器の形態や文様は実に多様であり、時代の変遷のなかで大きく変化している。日本の考古学者は発掘された土器を細かく観察し、形態や文様などによって細かく区分することに情熱を傾けてきた。その結果、同じ特徴をもった土器に○○式、××式といった名称が与えられ、それを熟知すれば縄文時代の推移が分かるようになっている。　専門家ではない私が細分化した縄文土器の分類に立ち入ることは迷路に踏み込むことになるので、避けることにしたい。ただ縄文土器のあの複雑で奇怪ともいえるような文様は何を意味しているかという問題には興味がある。それを探ることはおそらく縄文人の心を探ることになるだろう。難しい問題であるが、次章で縄文人の心を探ることにしよう。

第４章　縄文人の心を探る

縄文の文様

縄文人の心といっても生と死と祖霊の観念、自然への畏敬の観念などいろいろあって漠然としている。その心の世界を探ろうというのはどだい無謀な話である。

しかし、縄文人にとって自然は人間より圧倒的に大きな存在であったし、人間の死は現代よりはるかに身近なことであった。縄文人が人間の生と死をどのように考えていたか、その死生観や自然への畏敬の思いを探ってみることにしよう。

手がかりになるのは縄文時代の土器や土偶、墓や環状列石の遺構などである。日本の各地に伝わる祭りや伝承なども参考になるだろう。こうした手がかりから縄文人の心を私なりに推理してみることにしよう。飛躍した推理もあるだろうが、お許しを請うしかない。

1　子どもの再生を祈った縄文人

縄文遺跡で発見された人骨や歯を研究することによって、縄文人の寿命を推定することができる。縄文人は子どものうちに死ぬことが多く、成人年齢を十五歳とすると、その平均余命は十六年だという。

縄文人の人生はせいぜい三十年であったことになる。現代日本人の平均寿命は男性で八十歳、女性で八十六歳に達していることにくらべると、まことに縄文人は短命であった。縄文人にとって人間の死は身近なことであった。

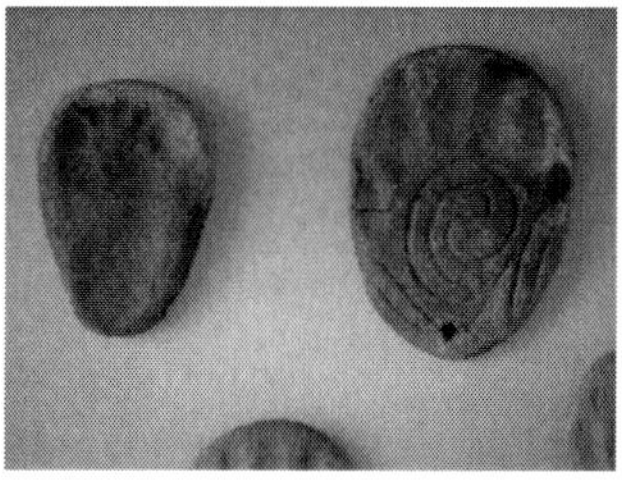

大石平遺跡出土の土製品

いうまでもなく出産は命がけの難事業で、昔の日本では死産が少なくなかった。江戸時代では出産の一五パーセントは死産であり、無事に産まれても五歳までの間におよそ四分の一が死んでしまっていたという。まして縄文時代は死産の比率ははるかに高く、乳幼児の間に死亡する子どもははるかに多かったと思われる。

死んでしまった子どもを甕に入れて埋葬した、いわゆる「埋甕《うめがめ》」が全国の縄文遺跡で多数発見されている。三内丸山遺跡では例の六本柱建造物に近い北の谷の周辺で八〇〇基を超える埋甕が見つかっている。長方形に並んだ六本柱の長軸の方向から夏至の日に太陽が昇ることが確かめられているが、埋甕が見つかった場所はこの長軸線上にある。

夏至の日の太陽は盛んな生命力の象徴であり、その太陽が昇る方向に子どもを埋葬したことは失われた子どもたちの生命の再生を祈ったものかもしれない。

赤ちゃんが無事に産まれる喜びは昔も今も変わらない。しかし、死産や子どもの死が日常的であった縄文人にとって、安産は最大の喜びであったはずである。赤ちゃんの手形や足形を残した土製品が青森県の**大石平遺跡**などで発見されているが、赤ちゃんの無事の成長を祈る心を表したものであろう。

縄文遺跡で数多く発掘されている土偶も妊娠した女性像がほとんどで、生命を祈る縄文人の心を表現したものであるといわれている。土偶にこめられた縄文人の祈りをみることにしよう。

2 土偶にこめられた縄文人の祈り

第2章で書いたように、長野県茅野市にある**尖石遺跡**は八ヶ岳連峰の西側の山麓、標高一〇〇〇メートルの台地にある縄文時代中期の遺跡で、多数の竪穴式住居跡や炉跡とともに土器や石器が大量に発掘されている。

この尖石遺跡の周辺には国宝の土偶「縄文のヴィーナス」が出土した**棚畑**《たなばたけ》**遺跡**や同じく国宝の土偶「仮面の女神」が出土した**中ッ原**《なかっぱら》**遺跡**などが点在している。

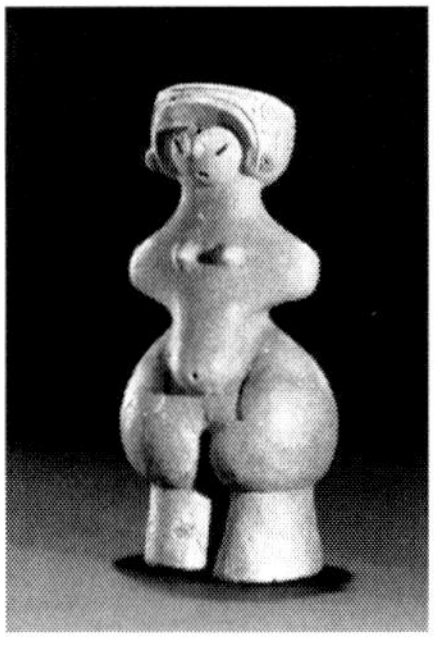

縄文のヴィーナス

縄文のヴィーナス

「縄文のヴィーナス」（右下の写真）は高さ二七センチの大型土偶で、頭は髪を結ったような形をしており、ハート形の顔は切れ長の眼が釣りあがったように表現されている。全体に丸みを感じさせる豊満な姿で、丸く膨らんだお腹と横に膨らんだ豊かな腰回りは出産を間近に控えた女性を見事に表現している。集落の中央広場に丁寧に埋められていたことを考えると、安産と子孫の繁栄を祈る祭祀が営まれていたのではないだろうか。

仮面の女神

こちらは「仮面の女神」とよばれている土偶で、縄文時代後期とみられる**中ッ原遺跡**の土坑墓から発見された。高さ三五センチの大型の土偶で、顔の部分に逆三角形の仮面をつけている。仮面に施された紐は後頭部で結ばれていて明らかに仮面だとわかる。乳房の表現はないが、股間に女性の陰部を象った表現があり、女性像とわかる。

仮面をつけた女性は何者であろうか。集落の中央広場にあるお墓に丁寧に埋納されていたことを考えると、仮面をつけてカミの言葉を伝える巫女のような女性かもしれない。根拠はないが、魏志倭人伝に記された卑弥呼のような存在が縄文時代にもあって、縄文時代の社会を動かしていたのではないかと想像するのである。

では、このお墓に葬られた人物は何者か。被葬者は土器の鉢で顔を覆

仮面の女神

うようにして葬られていたが、ヒスイやコハクも見つかっていることを考えると、集落の指導者であったかもしれない。死者は「仮面の女神」に導かれてカミの世界に往く。このように願った縄文人の死生観が表れていると考えるのは飛躍した推理だろうか。

次の三つの土偶も縄文人の心が表れているといってよいだろう。

縄文の女神

縄文の女神

右下の土偶は山形県**西ノ前遺跡**で出土した縄文時代中期のもので、「縄文の女神」とよばれている。高さは四五センチ、日本で最も大きな土偶である。目や鼻は表現されていないが、腹部の膨らみや突き出た臀部、すらりとして安定感のある脚の表現は見事で、五千年前の作品とは思えない。縄文人の美意識が高い水準にあったことを示しており、まさに国宝に値するように思われる。

合掌土偶

下の土偶は青森県八戸市の**風張遺跡**で出土した縄文時代後期の土偶で、高さは二〇センチ、胸には乳房が小さく表現されていて女性像とわかる。両膝を立てて座り、正面で合掌している姿から「合掌土偶」とよばれていて、同じく国宝に指定されている。ドーナツ状に表現された唇は何かつぶやくように突き出す形に表現されており、祈りのしぐさを示しているように思われる。「仮面の女神」と同じように、神意を伝える巫女の姿であろうか。

中空土偶（カックウ土偶）

下の土偶は函館市の**著保内野《ちょぼないの》遺跡**で発見された縄文時代後期のもので、中は空洞であり、全身が極めて薄手に作られている。高さは四一センチ、全身に隙間なく繊細な文様が施され、少し斜め上を向いた顔の表情はあどけない。この土偶が見つかった一帯は縄文時代後期の集団墓地で、丁寧に埋納されていた。発掘現場の地名（旧南茅部町川汲《かっくみ》）から「カックウ」の愛称がつけられている。

合掌土偶

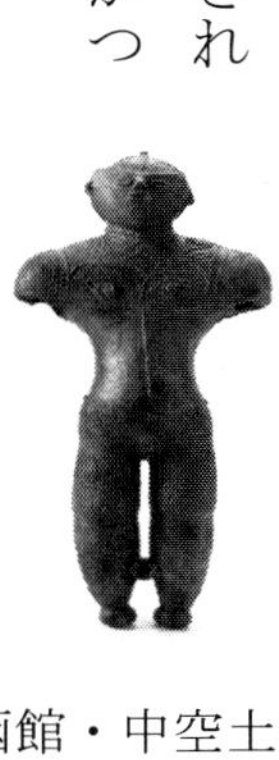

函館・中空土偶

遮光器土偶

下の土偶は青森県の**亀ヶ岡遺跡**で出土した縄文時代晩期の「遮光器土偶」で、重要文化財に指定されている。イヌイットの人々が用いる遮光器を思わせるような大きな目と頭に着けた王冠のような飾りが特徴で、東北地方北部の晩期縄文文化を象徴している。胴体の文様は雲形文などが描かれ当時の服装を表現しているように思われる。

大きく見張った特異な目は何を意味しているのだろうか。根拠はないが、この目は見守っている祖先の精霊を具象化したと考えるのはどうであろうか。

遮光器土偶

笑う岩偶

縄文土偶にはこのほか「ミミズク土偶」や「ハート形土偶」など奇抜な造形がみられるが、北秋田市の**白坂遺跡**で出土した岩偶（岩の彫刻像）の頭部は笑ったような表情に見えるもので、縄文人の美的感覚の一端を示しているようである。

全国で二万点以上発見された土偶のほとんどは身体の一部が壊された状

笑う岩偶（伊勢堂岱縄文館所蔵）

態で見つかっている。故意に壊したものと推定され、何らかの儀式が行われたのではないかという。なかには破損した部分をアスファルトでつないだものもあるということで、修理して繰り返し使用したのではないかといわれている。

土偶の女性像が妊娠、出産という新しい生命の誕生を祈るために作られたとするならば、その土偶を壊して何を祈ったのか。土偶が表している女性が亡くなったとき、その死者を送る儀式に使われたのではないかと推理してみるが、いかがであろうか。

3　石棒は生命力への祈りか?

これまでみてきたように、土偶は豊かな乳房、膨らんだお腹の表現で示される女性像であった。土偶にこめられた縄文人の思いは子が多く無事に産まれることを祖霊に祈ることであり、その思いを土偶に託したものであろう。死んでしまった子どもが再び生まれかわってくることを祈る再生の祈りであったかもしれない。

尖石縄文考古館展示の石棒

しかし、子どもが産まれるためには男性の存在も必要である。各地の縄文遺跡で発掘される石棒は男性器を象っており、縄文人にとって男性のシンボルは重要な信仰の対象であった。第1章で紹介したように、私が三内丸山遺跡を訪れたとき、発掘中の住居跡から石棒が見つかっていた。このように竪穴式住居の床面の奥の方に祭壇のようなものがあって、そこから石棒が見つかることが多いという。

前頁の写真は尖石縄文考古館に展示されていた石棒の数々である。明らかに男性器を示しており、生命を産みだす力の根源として祀られたものであろう。出土の状況からみると、こうした石棒は竪穴住居に設けられた石組の中に立てられていた。大型化して集落の広場に建てられたものもある。縄文人にとって男根は生命を産みだす根源の力として崇められ、その力を象徴する石棒が大切に祀られたものであろう。

金精さまの神事

男根を信仰の対象とする「金精さまの信仰」は今日も日本の各地に残されている。群馬県と栃木県の県境にある金精神社など男根をご神体とした金精神社は東北地方から関東地方にかけてたくさんあり、柳田国男の『遠野物語』に出てくる岩手県遠野の金精さまの神事は広く知られている。祭祀の形は変わったにせよ、縄文人の石棒崇拝の心が今に伝わっているというべきだろう。

4 縄文土器の文様は何を語るか

縄文土器に多い縄目の文様は小さな米粒のような形が連続した文様で、粘土の面に細い縄を転がすことによってできる。これを発見（一九三一年）したのは考古学の泰斗山内清男《やまのうちすがお》さん（故人）で、植物繊維の束を「こより」のように撚《よ》って粘土の上を転がしたところ縄目文様が現れたという。繊維の束を一回撚っただけでは縄目は現れず、二回撚ったものを転がしたら米粒のような縄目文様ができたそうである。

縄目の縄文土器は草創期の中ごろから出現しているが、繊維の束を二本から三本、四本と増やしたり、右撚りにしたり左撚りにしたりすると、さまざまな文様が現れるという。事実、縄文土器には縄目文様だけでも実に多くのバラエティーがあり、縄目以外にさまざまな文様がある。縄文土器には形体や文様に時代差や地域差があり、日本の考古学者はそのこまかな分類にエネルギーを傾けてきた。
その全体像は専門の学術書を見ていただくことにして、ここでは縄文土器の縄目文様にどのような意味が込められているのか、探ってみることにしよう。

縄文土器の文様は複雑で、具象的な表現は極めて少ない。しかし、中には縄目の地模様が施された胴体部分や縁《へり》部分の把手《とって》に人面やヘビ、あるいはイノシシと思われるような飾りが張り付けられた土器もある。

蛇体文様の土器

ヘビをモチーフにした土器の例をみると、器の胴体にのたうつような隆帯文（粘土ひもを張り付けて作る文様）に刻み目がつけられ、その一端にヘビの頭がついている。これを蛇体文というが、縄文時代中期に出現したということで、この蛇体文の土器はごてごてした造形という点で、第2章で紹介した縄文時代中期の火焔式土器とつながると考えられている。

ヘビがなぜ縄文土器のモチーフになったのか。

蛇体文の土器（尖石縄文考古館）

民俗学の吉野裕子さんは「脱皮を繰り返すヘビに生命の再生をみたのだろう」と述べている。私は目撃したことはないが、ヘビの交尾は雌雄が互いに縄のように絡みあって長い時間にわたって続くそうである。男根を思わすヘビの頭を思い浮かべると、ヘビは男女の交合による新しい生命の誕生を象徴しているのかもしれない。

縄文土器の特徴である米粒のような縄目の文様はヘビの鱗をあらわしているようにもみえる。そうすると、縄文土器そのものがヘビをシンボルとする強い生命力、生命の再生を意味しているのかもしれない。

古事記には三輪山の神、オオモノヌシが小さなヘビに化して美しい乙女のイクタマヨリビメのもとに通い、オオタタネコを産ませたという話がある。古代の人々はヘビを神の化身と考えたのであろう。こう考えると、縄文土器にこめられた縄文人の心は日本神話の中に残されていたことになる。縄文土器の文様には円形の文様や渦巻き文様が多くみられる。これは何を意味するだろうか。妊娠している豊満な女性像の土偶、男根を象った石棒、強い生命力を示す蛇体文の縄文土器…。これらを思い合わせると、円形の文様や渦巻き文は新しい命を生み出す女性のシンボルであるかもしれない。

火焔型土器

この写真は新潟県十日町の**笹山遺跡**《ささやま》から出土した火焔型土器である。

この遺跡は信濃川右岸の台地にあり、発掘された縄文時代中期の土器や石器など九二八点は一括して国宝に指定されている。このうち一四点は深鉢型の火焔型土器で、十日町市博物館に所蔵されている。

鶏頭のような冠状の飾り、口縁の部分を取り巻く鋸《のこぎり》の歯のような突起、胴体部にある渦巻きのような文様…。このように複雑な装飾は何を意味しているのだろうか。縄目の文様が神のシンボルであるヘビを示すとしたら、鶏頭のような造形は何のシンボルであろうか。

燃え立つ火焔は火山のシンボルという説もあり、強い生命力を象徴するという解釈もあるようだ。いろいろな解釈はあるだろうが、つまるところ永遠の謎というべきだろう。

私にも言えることは火焔型土器の力強い躍動感である。火焔型土器を初めて見た

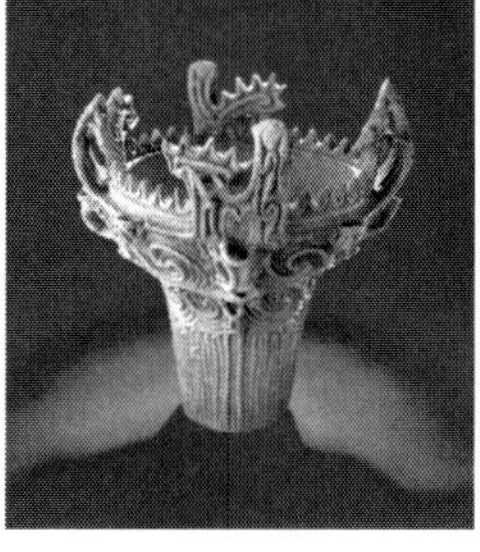

火焔型土器
（十日町市博物館蔵）

岡本太郎画伯が「なんだ、これは！」と叫んだという話も納得できる。新潟県出身の考古学者で県立博物館名誉館長を勤める小林達雄さんによると、一九五七年、長岡に来て火焔式土器と対面した湯川秀樹博士は「世界を回っていろいろと見てきたが、これほどのものはない！」と絶賛したそうである。

このとき、長岡出身で夏目漱石の長女筆子さんと結婚した作家の松岡譲さんが同席していたそうで、松岡夫妻は火焔式土器の素晴らしさを伝える宣伝部長を自任していたという。それから六十年、東京オリンピック大会の聖火台は火焔土器のデザインで、という地元の声があるそうだが、なかなか良いアイデアではなかろうか。火焔式土器が象徴する縄文文化は日本文化の源流だからである。

5 ストーンサークルは祈りの場？

縄文時代には計画的に石を配したいわゆる配石遺構や大規模に土を盛り上げた盛土遺構が造られた。このようなモニュメント（記念物）も縄文人の心を表している。縄文人が祖霊をどのように祀っていたか、自然の景観にどのような思いをいだいていたか、祖霊との交感、自然への畏敬の心をみることにしよう。

昭和五十年代のはじめ、本州のほぼ中央にある八ヶ岳の山麓で縄文時代前期のものとみられる環状集石群が発見された。この**阿久遺跡**《あきゅう》（長野県原村）は標高九〇〇メートルの台地にあって、無数の川原石が二列のドーナツ状に並べられており、石の数は大小二〇万個もあるという。楕円形の長径は一二〇メートル、短径九〇メートル、幅は三〇メートルで、ドーナツの中心には二四個の石の柱が二列の形で立てられていた。この環状集石群は石を積んだ墓の集合であり、死者を丁重に葬る祭祀の場であったと考えられている。

縄文時代の中期になると、関東地方などにも大規模な環状列石が出現する。群馬県の**野村遺跡**や**田篠中原遺跡**、新潟県の**道尻手遺跡**《どうじって》などである。環状列石を造った縄文人は特別な景観の場所を選んでいたようで、野村遺跡では冬至の日に妙義山に陽が沈み、田篠中原遺跡では夏至の日に浅間山に陽が沈むという。

後期の代表的な環状列石遺構である秋田県の**大湯**《おおゆ》**環状列石**では、二重の同心円上

大湯環状列石・「日時計」

に石組みが配置されていて、外輪と内輪の中間に一本の立石を中心にして細長い石を放射状に並べた石組みがある。その形から「日時計」とよばれているが、日時計として使われたものかどうかはわからない。ただ、夏至の日の太陽は環状列石の同心円の中心から日時計の中心を見た方角に沈むことが確かめられている。

このように太陽の運行との関係が指摘される縄文遺跡はほかにもある。

栃木県小山市にある**寺野東遺跡**《てらのひがし》（後期）は南東方向にある低い山並みの向こうに筑波山の山頂を遠望することができ、冬至の日にはこの筑波山の山頂から日が昇るのである。また富士山の北麓にある山梨県都留市の**牛石遺跡**《うしいし》では、立石のある二つの環状列石を結んだ線上に富士山を見ることができ、さらに春分と秋分の日には西側にそびえる三峠《みっとうげ》山の山頂に太陽が沈むという。

こうした環状集石群や環状列石をストーンサークルとよぶことにしよう。ストーンサークルが祖霊を葬った墓域であったことを考えると、これを造った縄文人は太陽の運行をよく観測し、夏至と冬至、春分と秋分、いわゆる二至二分の日の出、日の入りを意識してモニュメントを構築し、祖霊を祀る祭祀の場としていたと考えたい。あの山の頂に祖霊が鎮まっていると感じる場、祖霊と交感する場であったのだろう。
ストーンサークルは世界各地にあり、ロンドンの西二〇〇キロのソールズベリー平原にあるイギリスの**ストーンヘンジ**は世界遺産に登録されている。

馬蹄形に配置された高さ七メートルの巨大な門の形をした五組の石組みを中心に、直径一〇〇メートルの円形に高さ四~五メートルの三〇個の立石が配置され、世界でもっとも有名な先史時代の遺跡である。このストーンヘンジも東側にあるヒール・ストンと呼ばれる直立の巨石と中心にある祭壇の石を結ぶ直線上に夏至の太陽が昇ることから、この遺跡を残した人々は高い天文知識をもっていたと考えられている。

これを建設した当時の人々が何のために遠くから巨石を運んでストーンークルを建造したのか、天文観測施設などいろいろな説があったが、現在では神聖な祭祀のための場であったと解釈されている。

このストーンヘンジが作られたのは四五〇〇~四〇〇〇年前と考えられており、日本の縄文時代では後期の前半にあたる。日本の大湯環状列石などもこのころに作

イギリスの世界遺産
ストーンヘンジ

られたものであり、東西に遠く離れたイギリスと日本で同じ時代に同じような環状列石が作られていたことはまことに興味深いことである。

6 ウッドサークルの謎

三内丸山遺跡で発掘された六本柱の遺構について、夏至の日の太陽は長方形をした六本柱の長軸線上から昇ることはすでに紹介した。冬至の日の太陽がこの長軸線上に沈むことも分かっている。

しかし、この巨木のモニュメントは何のために建造されたのか、いまだに結論はでていない。復元にあたって「建物説」と「木柱列説」が対立し、折衷案として出された「屋根のない三階建ての六本柱」の形で復元されたというが、何とも落ち着きが悪い。

「建物説」は巨大な柱が内側に少し傾くように建てられていたことを理由に、柱の上部に屋根付きの建物があったと主張した。出雲大社（島根県）のような空中に高く聳える社殿が五〇〇〇年前にあったことになる。「巨大な木

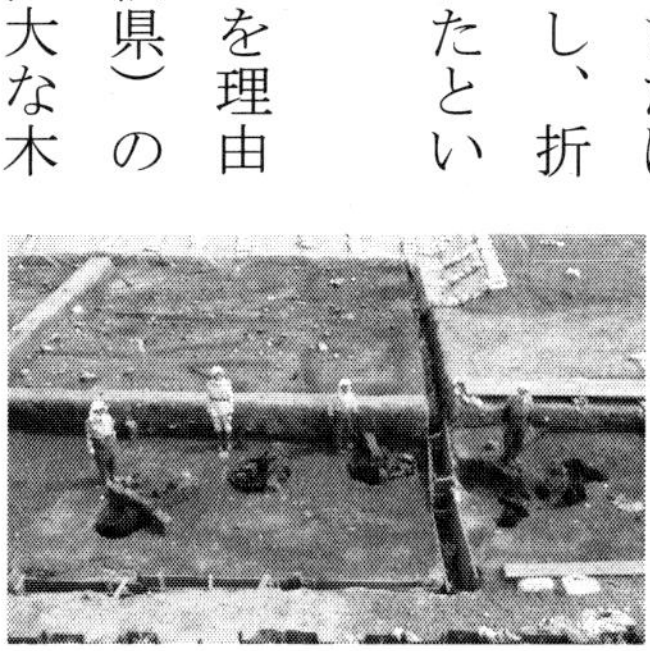

真脇遺跡縄文館の資料

柱列説」は高い木柱を神の依り代と考え、そのなかで祖霊と交感し、亡くなった子どもたちの再生を祈る儀式が行われたと考えるのだろう。諏訪大社（長野県）の御柱祭はこうした縄文の巨木文化を伝えていることになる。

どちらかといわれると、私は「木柱列説」の方をとりたいと思う。巨大な柱を立てる縄文の巨木文化があったと思いたいのである。

縄文の巨木文化は北陸地方にもある。そのうちの一つ、石川県の能登半島で発掘された**真脇《まわき》遺跡**は縄文時代の前期（六〇〇〇年前）から四〇〇〇年も続いた遺跡で、中期の地層からは大量のイルカの骨が発見されている。この地方では江戸時代までイルカの追い込み漁が行われていたということで、日本列島に縄文時代からの生活様式が残されていたことを示している。

この遺跡の晩期（二八〇〇年前）の地層から発見された**ウッドサークル**（環状の木柱列）は直径七メートルの円形に一〇本の木柱が等間隔で立てられていて、入り口を思わせる木柱もある。柱はすべてクリの木で、直径一メートルもある大木を縦割りにして、割った面を外側に向けて立ててある。このウッドサークルは祭祀用の施

真脇遺跡の復元木柱列

設で、六回は建て替えられたとみられている。

下の写真は発掘された柱の根元の太さなどを参考にして復元したものであるが、なぜ、縦割りにした大木の丸い部分を内側にして削った平らな面を外側にしたのか謎である。

これと同じようなウッドサークルが同じ石川県金沢市の**チカモリ遺跡**でも発見されている。やはりクリの大木を割り、平らな面を外側にして直径七メートル前後の円形に立ててある。左下の写真は高さ二メートルまで復元したものであるが、真脇遺跡と同じように、もっと高い木柱列であったかもしれない。

この二つのウッドサークルはどのような目的で建てられたのか。大湯環状列石と同じように祖霊を祀る神聖な祭祀の場として建設されたことも考えられるが、天体観測の施設として建造され、観測した内容を木柱の平らな面に記録したことは考えられないだろうか。

円形に木柱を並べる設計図を地上に描くには、中心にいる人物がもった縄を引っ張って回ればよい。しかし一〇本の木柱を等間隔に配置するには地上にどのようにして設計図を描いたのであろうか。正五角形を作図する

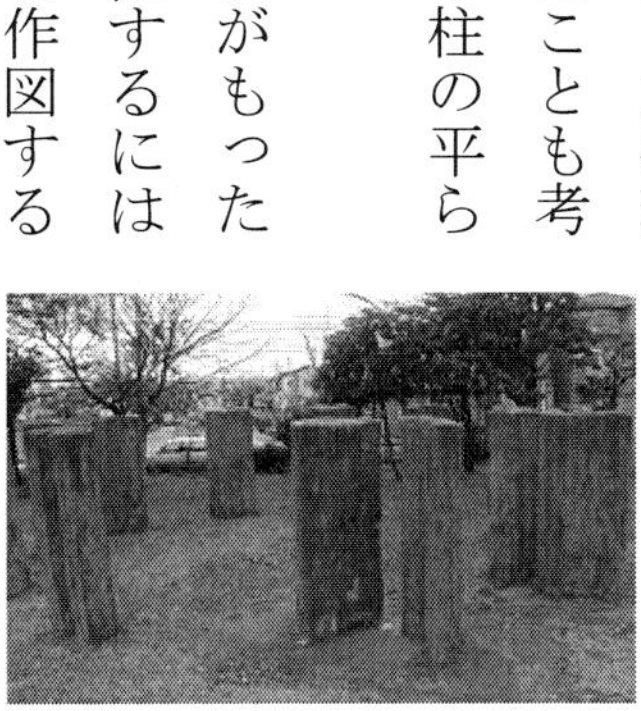

チカモリ遺跡復元木柱列

方法を知っていれば、縄を使って円周を十分割することは可能である。しかし、正三角形や正四角形ならともかく、正五角形、ひいては正十角形を縄文人が正確に描いていたとすると、縄文人の知識がそこまで広がっていたのかと驚きである。ウッドサークルは謎に満ちている。

大神神社と三輪山

7 神名備《かみなび》山の信仰は縄文時代から?

縄文人は二至二分の日の出、日の入りをなぜ意識してストーンサークルを造ったのであろうか。冬至が過ぎると、やがて草木が芽吹き、鳥や獣の新しい生命が生まれる。春分から夏至にかけて生命は成長し、秋分のころ木の実が実る。やがて太陽の力は衰え、夜の闇が長くなる。縄文人はこうした四季の動きに人間の力を超えた霊力を感じ、大自然の力を畏れ敬って祈りを捧げたのだと考えたい。

太陽の運行に「死と再生」の循環を読みとっていたのかもしれない。子どもの死が日常的であった縄文人にとって夏至や冬至の日の出は新しい生命の誕生、死んだ子どもの再生を象徴したものであったかもしれない。

ともあれ縄文人は多大な労力と歳月をかけて大規模なストーンサークルを建造した。そうしたモニュメント（記念物）のある場所からは、いずれも秀麗な山を仰ぐことができることに注目したい。

長野県の阿久遺跡からは北の方角に美しい蓼科山、秋田県の大湯環状列石からは北東の方角にきれいな三角形をした黒又山を仰ぐことができる。遺跡と二至二分の例にひいた妙義山、浅間山、筑波山、富士山、三峰山…。いずれも日本の名山である。これは何を意味するのだろうか。

こうした秀麗な山を拝むことができる場所を選んでストーンサークルを造ったのは秀麗な山に祖霊がいると、縄文人が考えていたからではないかと思う。山は祖霊を含めた神々の住処として畏敬されていたのであろう。

神々の住む山。それは必ずしも高い山ではなく、周囲の山並みのなかで抜きんでて目立つ山であった。神奈備《かみなび》とは神霊が隠れ住む神域のことで、山全体が神霊とされ、その山中には神霊の依り代になる磐座《いわくら》や神木がある。こうした神体山や磐座を拝む信仰は現代にも生きている。

大和盆地の東側にある奈良県桜井市の**大神神社**は背後の三輪山を神体山として大物主神《おおものぬしのかみ》を祀っているが、この三輪山は美しい円錐形の山容で典型的な神奈備山である。山中には磐座がいくつもあり、山頂の大きな磐座は大物主神の依り代とされている。

大神神社には本殿がなく、三輪山の西麓にある拝殿から三輪山を遥拝することになっているが、秀麗な三輪山を神体として畏れ敬う宗教的心情は、はるか縄文の時代から伝えられてきたのではないだろうか。

島根県大東町にある須我《すが》神社は古事記のヤマタノオロチ退治の神話に基づく神社である。ヤマタノオロチを退治した須佐之男命が稲田姫をともなってこの地に宮を建てたとき、彩雲が立ち昇ったという神話であるが、この須我神社の背後にある八雲山には祭神の依り代とされる大きな磐座がある。この磐座はカミの隠れ住む聖地として縄文人に畏敬され、祀られてきた名残であろう。

神奈備山や磐座の信仰は全国各地に残っている。そうであるとすれば、縄文人の心は現代にまで形を変えながら生き残っていることになる。日本人の心の源流は縄文時代に遡るという梅原猛さんの仮説は真実だと思えてくる。

須我神社の奥宮（夫婦岩）

第５章　縄文人の社会を探る

６本柱建造物（三内丸山遺跡）

縄文人の生活や心を探り、あれこれと推理したり感想を書いたりしてきたが、歴史の彼方に眠っていた縄文の世界を垣間見たにすぎない。まだ探ってみたいテーマはたくさんある。

三内丸山遺跡にあの巨大なモニュメントを建造した縄文人の知的能力をどう見るか。大勢の人間が力を合わせなければできない作業を誰が率いたのか、統治組織はあったのか。

一方、縄文の土器や土偶を作ったのは誰で、その財産は誰が相続したのか。婚姻はどのような形で行われたのか。日本列島の地域間で縄文人の交易や文化の交流があったのか。言葉は通じたのか、戦争はあったのか…。次々に疑問が湧いてくる。すべて縄文人の社会をどう見るか、という問題である。

この疑問にすべて答えることは困難である。思いつくままに筆を進めてみよう。

1　縄文の巨木文化と縄文尺

下の写真は三内丸山遺跡で巨大な六本柱の遺構が発見されたときの記録である。現在はこの場所を上屋で覆い、柱穴を保存している。

長方形をした六個の穴の直径は一・五～二メートル、深さは一・五メートル前後で、穴の底からは腐食を免れた柱の基部が出土した。すべてクリの大木で、太さは一メートル程度、縄文時代中期の後半（五～四〇〇〇年前）に構築されたと推定されている。縄文時代はこんなクリの大木がたくさんあったのだろう。

青森県教育委員会、1996

縄文尺

注目したいことは穴と穴の間隔が規則正しく四・二メートルで統一されていることである。人間の親指と中指を軽く広げると、その指の間の長さはおよそ一七・五センチ、両手を使うと三五センチになる。17.5cm×2×3×4＝4.2mであるから、柱の間隔が一七・五センチの倍数に統一されていたことになる。縄文人が指の幅一七・五センチを「縄文尺」として用いていた証拠であるかもしれない。

長方形の六本柱を立てるためには穴を掘る前に穴の位置を地面に記しておく必要

（注4）縄文遺跡の遺構や出土品の長さについて研究した計量学の専門家によると、算出した縄文尺の平均値は17.3センチになったという

がある。その設計図は直角を正しく記さなければならない。縄文人は直角をどのようにして地面に記したのであろうか。直角三角形についてのピタゴラスの定理を経験的に知っていて、縄に縄文尺で3、4、5、の長さの印をつけ、直角三角形を作ったのかもしれない。この想像が当たっていれば、縄文人の知恵は後世の縄張りの技術につながるといえそうだ。

「ウッドサークルの謎」のなかで縄文人が正五角形を描く方法を知っていたのでは、と書いたが、分度器がなくても縄文尺を記した縄があれば可能である。その方法をここで解説することはやめるが、興味ある方は挑戦してみたらいかがであろうか。

「数」の観念

さて、このように縄文尺を使うからには、縄文人はきちんとした数の観念をもっていたはずである。「一《いち》、二《に》、三《さん》、…十《じゅう》」は中国伝来の数え方で、日本古来の数え方は「ひとつ、ふたつ、みっつ、…とう」あるいは「ひ、ふう、みい、…とう」である。十一は「とう あまりひとつ」、十二は「とう あまりふたつ」である。古来の日本語では「三十一文字《みそひともじ》」「八十路《やそじ》」のように十の単位は「そ」といい、「八百《やほ(お)》屋《や》」「八百万《やほよろず》」のように百の単位は「ほ」といっている。千の単位は「八千代《やちよ》」「八千《やち》矛《ほこ》」のように「ち」であり、万は「よろず」である。
身体の主な部位の呼び方と同じように数の数え方は基本的な言語であるから、このような数え方は縄文時代から行われていたのだろう。これでみると縄文人は十進法を用いていたらしいが、二十を「はたち」という言い方があるから、六進法や十二進法、二十進法など別の方法があったかもしれない。

ところで、ストーンサークルで知られる秋田県鹿角市の大湯環状列石の遺跡から写真のような土版が出土している。土の板に窪みをつけたスマートフォンほどの大きさで、土版とよばれている。左が表の面で、右が裏側。このデザインは何を示しているのだろうか。

左は上の二つの穴でかわいらしい目を、その下の穴で大きく開けた口を表現し、全体で顔と身体を示しているようにも見える。右は乳房を示しているのだろうか。子どもの無事を祈るお守りのようなものであったかもしれない。

しかしよく見ると、胴体の部分に三つと四つの穴があり、縦に五つの穴が並んでいて、全体として一、二、三、四、五の数字が示されている。また裏側にある左右三つずつの穴は六を示しているように見える。そう

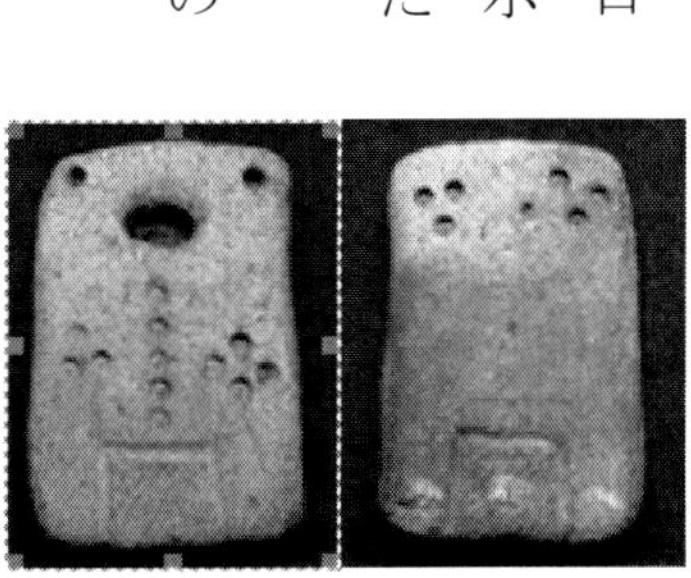

大湯環状列石・土版

すると、子どもに数を教える道具であったかもしれない。三と四を足すと七、三と五を足すと八、五と四を足すと九、それに真ん中の大きな一を足すと十になり、大きな穴を通って裏の穴の一つになる。裏の穴が全部埋まると、六十…。いささか想像が過ぎるかもしれないが、大湯環状列石を作った縄文人は六十進法を知っていて、子どもたちに教える道具としてこの土版を作ったのかもしれない。

太陽と月の動き

縄文人が二至二分の日の出、日の入りなどを意識してストーンサークルなどのモニュメントを建造していたことはたびたび触れてきた。これは太陽の運行を何らかの方法で記録し、一年三六五日という年の単位を理解していたことを意味する。

それでは月の満ち欠けという天文現象については、どのように理解していたであろうか。潮の満ち引きは貝の採集など海の生活に深くかかわっており、女性の生理的周期にも関係している。おそらく縄文人は月の満ち欠けも何らかの方法で記録し、月の満ち欠けが五十九日で二回（一回二九・五日）繰り返されていることを知っていたことであろう。

そうすると、月の満ち欠けによる一年は 59 日×6 回＝29.5 日×12 月＝354 日となる。太陽の運行による一年、365 日との差が 11 日あることに気付いていたかもしれない。これは太陰暦と太陽暦の差に気付いていたかもしれないということであるが、こう考えるのは縄文人の知的能力を買いかぶっていることになるであろうか。

世界の古代文明をみると、メソポタミア文明や中国文明では月の満ち欠けによる太陰暦に補正を加えて太陽の周期と整合させる太陰太陽暦を用いていた。これに対しエジプト文明はナイルの定期的氾濫を予測するのに便利な太陽暦を用いていた。いずれも灌漑農耕がはじまって間もない時期、紀元前五～六〇〇〇年に暦を用いはじめたとされている。

縄文人があれだけ二至二分を大切にしていたことを考えると、五〇〇〇年前に太陰暦か太陰太陽暦のような暦の知識をもち、天体の運行を観測して記録していたとしても不思議ではないかもしれない。

2 縄文ムラに階級差はあったか?

マルクス史観の影響があったのかもしれない。戦後しばらく、縄文社会は原始共産制の社会で血縁を中心にした人々が土地を共有し、共同で生産活動を行い、分配も平等に行われていたという考え方が幅を利かせていた。実際はどうであったか。

縄文遺跡の墓地から発掘された墓の大きさや形、墓に納められた副葬品は同じ集落であってもすべて同じではなかったようである。貝殻製のブレスレットや石を磨いて模様を刻んだペンダントを身に付けて葬られた女性がいる半面、副葬品が何も見つからないお墓もあって、「縄文社会はすべて平等」という見方は否定されている。

三内丸山遺跡のお墓をみてみよう。広場から海に向かう当時の道路を挟んだ形で、成人の墓穴がたくさん見つかっている。これと離れた場所にある墓は直径数メートルの細長い石を環状に並べ、大きな石を立てた特殊な形式の墓である。この墓に葬られた人物は、おそらく三内丸山の大規模集落を指導する立場にあった人物であろう。

この人物が政治的指導者であったのか、宗教的指導者であったのか、はたまた世襲であったのか、などはわからない。しかし、同じ集落に居住する人々のなかに、ある程度の階級差はあったと考えるべきだろう。それは世襲から生まれたかも知れない。

階級差が生まれる背景を考えてみよう。三内丸山遺跡のシンボル、六本柱建造物の柱はそれぞれ直径一メートル、長さ一五メートルものクリの巨木である。これを森から伐り出し、野原を越えて遺跡中央の広場まで運んでくるにはどれだけの人手が必要であろうか。

諏訪神社（長野）の御柱祭をみれば、地元だけでなく周辺の町や村から

三内丸山遺跡・環状集石墓

大勢の人数が参加し、長い時間をかけて準備している。準備は神社の境内に立てる御柱の選定にはじまり、長期間にわたって樹木の手入れをしている。時が来て伐り出した御柱を山から運ぶ行事は大変に勇壮なもので、縄文時代の光景を彷彿とさせる。

この御柱祭の采配をする人は祭りの準備にかかわる人をまとめ、巨木の運搬ではてきぱきと指示を出して柱を動かしていかなければならない。名誉な役ではあるが、人々に信頼される人物でなければ務まらない。

三内丸山の巨木もこうした手順を経て準備され、指導者の采配のもとに運ばれたことであろう。采配をするには、大木を転がして運ぶコロの技術、大木の根の部分を焦がして竪穴に埋める知恵など、さまざまな知識が必要である。大事業を行うには周辺の集落から信望があり、人々をまとめ上げる人柄が求められる。これは現代でも縄文時代でも同じことであろう。

この指導者は一定地域の集落を組織して日常的に統治する政治的指導者であったわけではない。諏訪神社の御柱祭でも同様である。三内丸山の場合は、おそらく血縁で結ばれた血族集団の長老的な人物であったろうと思われる。もし「王」とよばれるような政治的指導者が現れていたとすれば、その人物の墓はもっと大きく、集団の内部における階級差の痕跡が明確に残るだろう。

中期の縄文社会に階級差のようなものが現れはじめていたとしても、それは共通の祖先のなかで直系か傍流かといった程度の差ではなかったろうか。

3　元始　女性は太陽であった！

縄文ムラの家族は日常生活の役割をどのように分担していただろうか。

まず体力のいる狩猟や漁労、樹木の伐採などは当然のことながら家族のなかの男性が行っていたはずである。竪穴式住居を建てるときは集落の男たちが力を合わせて樹木を伐採し、コロにのせて綱で曳いてきたことであろう。外洋に丸木舟を漕ぎ出し、マグロなどを釣るのも大変な作業である。

これに対し女性は集落に近い森に行って木の実を採集し、住居のなかの貯蔵穴に保存する役割を担っていたと思われる。どんぐりの実を水にさらして灰汁抜きする作業も女性の役割であったろう。調理は集落の共同炊事場でしていたかもしれない。しかし，何よりも子どもを産み、育てることは女性の大切な役割で、家族の中心は母親であったと思われる。おそらく、家のなかの祭祀も女性の大切な役目だったのではないだろうか。

子どもは幼いころから水汲みをはじめ木の実の採集などを手伝い、少年になると、狩りや漁に出ていたはずである。縄文人が生きるために必要な生活の知恵は子どもたちが現場で経験しながら覚え、次の世代に伝えていったものであろう。

縄文時代を象徴する土器や土偶は誰が作っていただろうか。土器・土偶に使う土は男性が産地に出かけて採取し、女性は土をこねて形を作り、火を燃やし続けて焼き上げる仕事を担ったのではないだろうか。

縄文遺跡では集落の中心に円形の広場があり、それを囲むようにして五～六棟の竪穴式住居がある例が多いという。そうすると、集落の人口は三十～四十人ということになる。食料を確保する森や海は一定の広さが必要で、複数の家族がそうしたテリトリーをもって集落を作っていたと思われる。したがって、縄文人の集落は一定の間隔をとって散在していた。先に紹介した八ヶ岳の山麓一帯に散在する縄文遺跡の集落もこうした事情で形成されたものであろう。

こうして、かなり広い範囲に同じ祖先をもつ人々の社会集団があらわれ、有力な指導者のもとに共同の作業をするようになる。前節に書いたように、三内丸山遺跡の六本柱建造物はこうした同族集団の男たちによって建造されたのであろう。

縄文人の婚姻はどのように行われていただろうか。

近い集落の男女が結ばれて子どもが生まれることは多かったであろうが、同族のなかだけで婚姻が繰り返されていると、長い間には近親婚の弊害が表れてくることが考えられる。それを避けるためにどのようなことが行われていただろうか。

若い男性が集落の家を出て遠くの集落に行き、これを受け入れた女性に子孫を残す形が多かったのではないだろうか。男性がたびたび女性のところに通うのであればいわゆる「通い婚」である。古代の日本で通い婚は普通のことであり、中世以降にも残っていたことであるが、縄文時代から続いていたのではないかと思う。

求婚した男性が女性の家にそのまま留まることも考えられる。この場合、暮らしのしきたりや家の祭祀はよそから入ってきた男性ではなく、その家にいる女性が行うほうが自然である。やがてここに生まれた娘が家に残り、祭祀や財産は母から娘に引き継がれることになる。

こうした社会を母系社会というが、縄文社会は母系社会であったのではなかろうか。第８章の「日本神話のなかの縄文人」で述べることにするが、東征した神武天皇以下の皇統には歴代の天皇が大和を支配していた在地系有力者の娘を娶ったことが記されている。渡来民の子孫である歴代の天皇はこうして母系社会であった縄文社会と融合していったと考えれば納得のゆくことである。

縄文時代の女性たちは主食である木の実の採集をはじめ子育て、家の祭祀、土器作りなど家庭の中心であり、おそらくは集落の祭祀も女性が担っていた。

女性参政権など女性の地位向上運動に活躍した平塚らいてう女史は、明治四十四年発刊の雑誌『青鞜《せいとう》』創刊号で「元始　女性は太陽であった」と記し、男尊女卑の風潮が強かった当時の日本社会に大きな反響を巻き起こした（注5）。平塚女史が縄文時代を意識して書いたとは思えないが、縄文時代の母親はまさに「元始　女性は太陽であった」といえるのではないか。

4　ヒスイが語る縄文人の交流

三内丸山遺跡では下の写真のような見事なヒスイの大珠が出土している。このヒスイの原産地は遠く離れた新潟県糸魚川市で、縄文時代の中期に現在の青森県と新潟県の間で縄文人の交流があったことを物語っている。ヒスイを産出するのは糸魚川市を流れる姫川の支流、小滝川の上流で、糸魚川市の海岸に近い**長者ヶ原遺跡**ではヒスイの原石を加工した工房の跡が発掘されている。

三内丸山遺跡で発掘されたヒスイの大珠はここで加工されて運ばれたことも考えられるが、三内丸山に運ばれてきた原石を三内丸山の縄文人が加工した可能性もある。ヒスイの原石の破片や半加工状態の珠が見つかっているからである。

硬いヒスイの原石を加工するのは大変な作業であった。原石をハンマーのような

（注5）平塚らいてう女史
本名明（はる）1886〜1971

硬い石でたたいて形を整え、表面を磨いたうえで孔をあける作業。特に孔をあけるのは大変であったと思われるが、この分野の研究者によると、孔をあける場所に石英の粉が入った砂をまき、篠竹の管を回しながらこすり続けると、摩擦によって少しずつ孔が開くそうである。とてつもなく根気のいる作業であったろうが、それだけに貴重なものと認識されていたのだろう。

姫川原産のヒスイが出土した縄文遺跡は北海道の礼文島を北限に北海道から九州・沖縄まで全国に広がっている。糸魚川に近い長野県・八ヶ岳周辺の縄文遺跡からは、かなり多数のヒスイが見つかっており、墓に葬られた人物の副葬品として発見されることが多いという。族長の権威を示す胸飾りとして用いられたものであろうか。

古事記には出雲の八千矛神《やちほこ》（オオクニヌシ）が越の国に行ってヌナカワヒメに求婚した話がある。出雲大社の境内から姫川原産のヒスイの勾玉が出土しており、出雲と越の人々の間に交流があったことを物語っている。

全国規模で流通していたのはヒスイだけではない。弓矢の矢尻などに使う黒曜石の流通はさらに活発であった。

ヒスイの大珠（三内丸山遺跡）

黒曜石は火山のマグマが急速に冷やされた時に生成されるガラス質の岩石で、火山が多い日本列島には各地に黒曜石の産地がある。代表的な産地は長野県の和田峠周辺で、下諏訪町などで大規模な採掘抗の跡が発見されている。

北海道の白滝、伊豆七島の神津島、伊豆・箱根、島根県の隠岐島、大分県の姫島なども主要な黒曜石の産地で、例えば伊豆半島南端の**見高段間遺跡**《みたかだんま》（早期〜中期）では重さ二〇キロもある神津島産の原石が見つかっている。黒潮を越えて黒曜石を運んだ人々がいたことになる。

三内丸山遺跡では遠く六〇〇キロも離れた長野県和田峠の黒曜石が見つかっている。黒曜石を加工した矢尻やナイフなどの製品、あるいは原石を運ぶ黒曜石の流通ルートがあったことを示す証拠である。さらに隠岐島産の黒曜石は中国地方をはじめ四国や新潟県の縄文遺跡から出土しており、ロシア沿海州のウラジオストク地方でも隠岐原産の黒曜石が発見されているという。日本海を渡って黒曜石が運ばれたことになる。

日本列島の縄文社会は小さな地域社会だけの閉鎖的なものではなく、どこに黒曜石の産地があり、どこに行けばヒスイが得られるといった情報が流通していたのであろう。縄文社会は想像以上に情報のネットワークが広がっていたと考えたい。

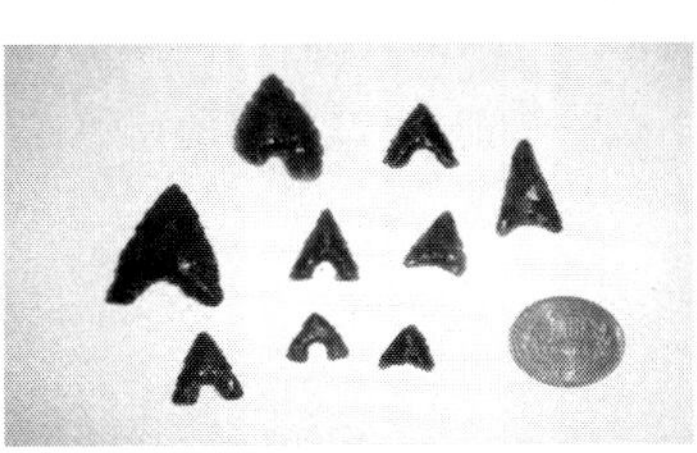

黒曜石の矢じり

さて、情報のネットワークによって縄文人はどのような行動をしていたのであろうか。物々交換のような形で交易をしていたのか、それとも同族集団の絆を確かめるために遠路の旅をしたのか。

交易があったとすれば、例えば三内丸山の代表がラッコの毛皮を持って和田峠に行き、黒曜石と物々交換して持ち帰るというようなことが考えられる。後者の場合、糸魚川を訪れてきた三内丸山の旅人にヒスイの珠を贈り、双方の絆を確かめるというようなことである。私は両方の形で交流が行われていたのではないかと思う。

このような縄文人の交流は陸路でも海路でも行われていた。ヒスイの珠がある地点からある地点へ、さらに遠くの地点へと中継されて運ばれたのか、三内丸山の人が小舟を漕いで海岸沿いに直接、糸魚川まで行ったのか、どちらとも行われていただろう。黒曜石の流通ルートを考えると、小さな丸木船を操ってかなり遠くまで航海していた可能性は大きいと思われる。

遠く離れた土地との交流という点では、陸路にしても海路にしても、どの方角にどれだけ行けばどこに至るか、そのルートにどんな目印があり、どういう氏族が暮らしているか、といった情報が必要である。方角を確かめるには夜の星座はきわめて有効である。おそらく旅をする縄文人は星座を頼りにしていたであろう。

そうした旅で得られた情報は氏族集団の間で語り継がれ、知識として集積されていたと考えたい。

5 縄文語は原日本語

一万年にわたって営まれた縄文人の生活。それは自然と共に生きる生活であった。春、若草を摘み、秋、木の実を集める。夏、海で漁をし、冬、森で狩りをする。縄文人は「森の生態学者」であり「海の生態学者」であったと記したが、その生活の知恵は驚くばかりに見事であった。「ある草を食べたら痛みが消えた」「フグは毒を除けば美味だ」といったような知恵は多くの人々の体験が積み重なり、語り継がれてきたものであろう。

その生活の知恵は日本列島の全域で共有されていたと考えられる。縄文人は共通の言語を話し、地域を越えて交流することができたからである。それでは縄文人が話していた言語はどのような言語であったのか。日本言語学会と日本音声学会の会長を務めた小泉保さんは著書『縄文語の発見』のなかで次のように結論づけている。

…弥生時代に弥生語なるものがすべての縄文諸語を一掃しこれと入れ替わった

と憶測する必要はない。現在われわれが話している方言を逆に手繰っていけば、縄文基語に達するであろう。弥生語も縄文語の一変種にすぎない。…要するに、日本語は縄文文化と共に始まったと考えてよいと思う。そして、一万年にわたる伝統をもっていることになろう。これは島国という立地条件に負うところが大きい。

比較言語学や音韻論、語用論などに通じた小泉保さんが日本語の諸方言に比較言語学の方法を適用して、日本語の祖先に相当する縄文語を見出そうと試みた結論であるが、その考証過程をわかりやすく紹介することは私には難しい。音韻変化の原則など言語学の専門知識が求められるからである。

そこで結論だけを抜き書きしたのであるが、小泉さんによれば、縄文時代の黎明期に日本語の祖型である原縄文語が成立し、縄文時代のかなり早い時期に本土縄文語から琉球縄文語が分離し、のちに琉球諸方言になったという。

本土縄文語はやがて裏日本縄文語と表日本縄文語に分れ、裏日本縄文語が東北方言になった。また、表日本縄文語は山陽・東海方言となり、東北方言と山陽・東海方言の影響のもとに関東方言が成立したという。出雲方言については、イとエの中間音が用いられることなどの根拠をあげて、小泉さんは「出雲方言が東北系であることを疑う余地はない」と述べている。

一方、関西方言について、小泉さんは「紀元前後には、後期九州縄文語と裏日本縄文語に渡来語が作用して弥生語が形成された。この弥生語の直流の資格をもつのが関西方言である。」と述べている。「縄文人はどこから来たか」で紹介する人類学者、埴原和郎さんの「二重構造説」と符合する見解で、日本人の成り立ちを言語的に説明するものといえると思う。

こうして、縄文時代の日本列島は共通の縄文語によって情報を共有することができたと思われる。しかし、狩猟、漁労、採集の生業に関する技術的な情報をはじめ、ストーンサークルやウッドサークルの建造方法、さらには二至二分の天文知識など、さまざまな情報、知識はどのようにして保存され、蓄積され、伝播されたのであろうか。すべて縄文語の言葉（音声言語）で伝承され、伝播されたのであろうか。

縄文時代には文字はなかったとされている。したがって、すべては音声言語で記憶され、伝達されていたと理解するしかないのだろうが、私には情報を記録する何らかの手段をもっていたのではないかという気がしてならない。インカ文明では文字の代わりにキープ（結縄）という記録方法があったという。日本列島の縄文人はキープのような記録手段をもたなかったのであろうか。

それにしても、あの複雑で多様な文様で飾られた縄文土器の文様は単に制作者の美的意識を表現しただけなのだろうか。あるいは、その集落の人々の宗教意識を表現しただけのものなのだろうか。

まったく根拠のない私の想像であるが、縄文土器のあの複雑な文様には何らかの情報が記録されているのではないかと考えたい。たとえば、その集落の出自を伝える紋章であるとか、語り継ぎたい出来事を表現したとか、何らかの情報が縄文土器の文様に表現されているが、縄文の記憶を失った人々によって、その意味が忘れられたのではないだろうか。縄文遺跡から出土した無数の遺物に隠された情報が発見されるのではないかと期待したい。

6 縄文時代に戦争はあったか？

縄文時代に戦争はあったか。この問題は「戦争をどう定義するか」ということを説明しなければならないので、なかなか厄介な問題である。

近現代の国際社会で戦争といえば、国家と国家が武力衝突する状態を指し、国家のなかの政治集団が武力を用いて国家と争う場合は内戦といっている。最近では「対テロ戦争」という言葉が使われるように、武装勢力に対する武力行使にも戦争という言葉が用いられる。縄文時代にこのような意味での戦争がなかったことはもちろんである。国家といえるような統治機構はまだ存在していなかったからである。

人類の歴史のなかで国家といえるような統治機構が現れ、他の集団と武力を用いて戦うようになったのはいつからか。四大古代文明のメソポタミアやエジプトでは、戦争の場面を描いた絵画が残されている。古代文明が生まれた時代には戦争があった証拠といえるだろう。

古代の文明社会で戦争が始まった原因はなにか。灌漑農耕が始まり、支配する土地や労働力を確保するため、あるいは防御するために、戦争が始まったという説明が有力とされていた。では農耕が始まる前の社会に戦争はなかったか。

ナイル川の上流で発見されたジェベル＝サハバ遺跡の墓地遺構では、幼児から老人まで58人が埋葬されていた。このうち24体のそばから116個の細石器がみつかり、骨に突き刺さった石器もたくさんあったという。集団対集団の争いで多数の人が殺されたものと考えられている。この遺跡は一万二〇〇〇年～一万四〇〇〇年（後期旧石器時代末）の遺跡で、農耕はまだ始まっていない。

単純に「集団と集団が暴力を用いて争う」ことを戦争と定義するのであれば、太古の時代から人類は戦争をしていたことになる。縄文時代にも集団と集団が争い、狩猟用の弓矢や斧などを使って戦うことはあっただろう。例は多くないが、縄文時代の遺跡で矢尻が突き刺さった人骨が見つかっているからである。しかし、縄文遺跡から明らかに殺されたと推定される人骨が大量に発見された例はない。

戦争があったというためには、殺された人骨が大量に見つかるとか、人を殺すための武器が出現したとか、集落を守るための環濠が出現したとか、その集団をあげて戦争に備えたことを示す客観的な証拠が必要であると私は考える。では、縄文時代に戦争があった証拠はあるか。

縄文時代の集落の周りには濠や堤防、柵というような防御施設は見つからない。こうした防御施設が出現するのは縄文時代の晩期、弥生時代に移行するころからである。縄文遺跡の墓から武器によって殺されたと推定される人骨はほとんど発見されていないし、人を殺傷するための武器も発見されていない。

集落の間、あるいは集落の指導者の間で争いがあり、殺し合いになったことはあるだろうが、他の集団との間で組織的な武力衝突があったような痕跡は見あたらない。日本列島でこうした戦争の痕跡が現れるのは弥生時代に移行するころからである。

他方、ユーラシア大陸の新石器時代の遺跡では、集落の周りに外敵の侵入を防ぐ施設を設けたものが多い。例えば、中国・西安市郊外で発見された新石器時代（七〇〇〇～五〇〇〇年前）の半披《はんぱ》遺跡では居住区の周りを濠で囲んだ環濠が設けられている。

メソポタミア南部に生まれたシュメール人の遺跡でも、城壁を備えた集落がかなり早い時代（七〇〇〇～六〇〇〇年前）に出現しており、メソポタミア各地で発掘された楔形文字の粘土板文書には繰り返された戦争の歴史が記されている。

大陸の古代文明で戦争はなぜ起きたのか。前にも記したように、灌漑農耕に必要な土地を奪うとか水利を確保するとか、あるいは、都市に蓄積された食料や金属を奪うとか、さまざまな動機によって戦争が始まったのであろう。大規模な灌漑農耕によって蓄積された富が先進的な都市文明を発達させた半面、富をめぐって戦争が繰り返される時代を招いたといえるかもしれない。


縄文時代は組織的な戦争がなかった。それはなぜか。一言でいうと、農耕社会のような富の蓄積がなかったから、他者の富を奪う戦争は起こらなかったのである。

戦争のない時代が一万年続いた日本列島。そこに生きた縄文人は自然の恵みによって生きていたため、自然の恵みが絶えることのないよう、獣でも魚でも木の実でも余分なものはとらない生活を続けていた。その生活と社会の背後には「万物に生命があり、万物は循環する」という縄文人の心があったのではないだろうか。

第6章　縄文人はどこから来たか

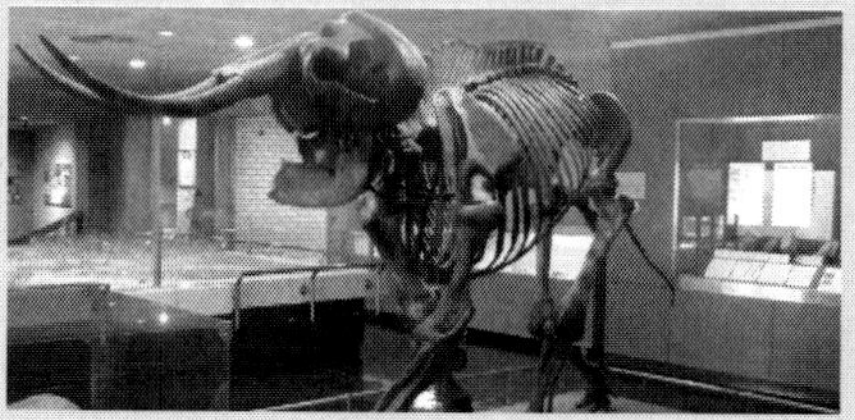

ナウマン象の骨格標本（横須賀市の自然人文博物館）

氷河時代の日本列島に旧石器文化があったのか。縄文人はどこから来てどこに消えたのか。縄文人や弥生人と日本人はどのようにつながるのか…。

こうした問題は日本の人類学や考古学の基本的なテーマとして、明治時代以来、さまざまな論争が繰り返されてきた。近年、分子人類学や環境考古学など新しい学問が目覚ましい成果をあげる一方、言語学、宗教学などとの学際的な研究も行われ、日本人の起源をめぐる研究は大きく進んでいるようである。縄文人がどこから来たかの問題に入る前に、氷河時代の日本列島についてみておこう。

1　旧石器時代の日本列島

ナウマン象をご存知だろうか。氷河時代の日本列島に生息したアジア象に近い仲間の象で、氷河期に海面が低下して日本列島と大陸が陸続きになっていたときに渡ってきたとされる。

この象の骨が最初に見つかったのは、明治初年、三浦半島の横須賀に建設された製鉄所の敷地からで、化石の骨を研究したナウマン博士（東京帝国大学地質学教室の初代教授）の名前をとってナウマン象と名づけられた。その後もナウマン象の骨は全国各地で発見されており、鎌倉市の腰越でも発掘されている。千葉県印旛村では骨格のほぼ全体が発見されており、横須賀市の自然人文博物館には印旛村で発掘されたナウマン象の骨格復元標本が展示されている。ナウマン象の肩の高さは二・五～三メートル、現在のアジア象よりいくらか小型である。牙が長く発達していたことがこの象の特徴で、雄の牙は太さが一五センチ、長さは二・四メートルもある。

氷河時代の日本列島にこのナウマン象の狩りをしていた旧石器時代人がいたことを示す遺跡がある。長野県北部の野尻湖畔にある旧石器時代の遺跡で、戦後間もないころ地元の人が湯タンポのような形をしたナウマン象の臼歯を発見して以来、地元の研究者たちによって湖底の発掘調査が年を重ねて行われた。

この調査によってナウマン象の骨とともに旧石器の剥片が次々に発掘され、旧石器時代人がナウマン象の狩りをしてここで解体作業をしていたと考えられている。下の写真は湖底の泥の中からナウマン象の牙とオオツノシカの角が人為的に並べられたような形で発見されたときのもので、三万二〇〇〇年前のものと推定されている。

またナウマン象の牙の先端を加工して人間の女性像のようにしたものも発掘され、二万六〇〇〇年前のものと推定された。当時、ＮＨＫ長野放送局に勤務していた私は「旧石器時代の野尻湖人が何らかの宗教的意識を表現したのではないか」と報道したことを思い出す。

「野尻湖人の人骨発見！」の期待をこめて発掘調査が続けられたが、旧石器時代の人骨はいまだに発見されていない。周囲に火山がたくさんあり、火山灰が積もった酸性土壌なので人骨は残りにくいのであろう。

旧石器時代の遺跡は日本列島の各地で発見されており、神奈川県内でも相模川東側の相模野台地や西側の伊勢原台地などで多くの遺跡が見つかっている。最古のものは三万八〇〇〇年前まで遡るというが、人骨の化石は見つかっていない。したがって、氷河時代の日本列島で活動していた石器時代人の特

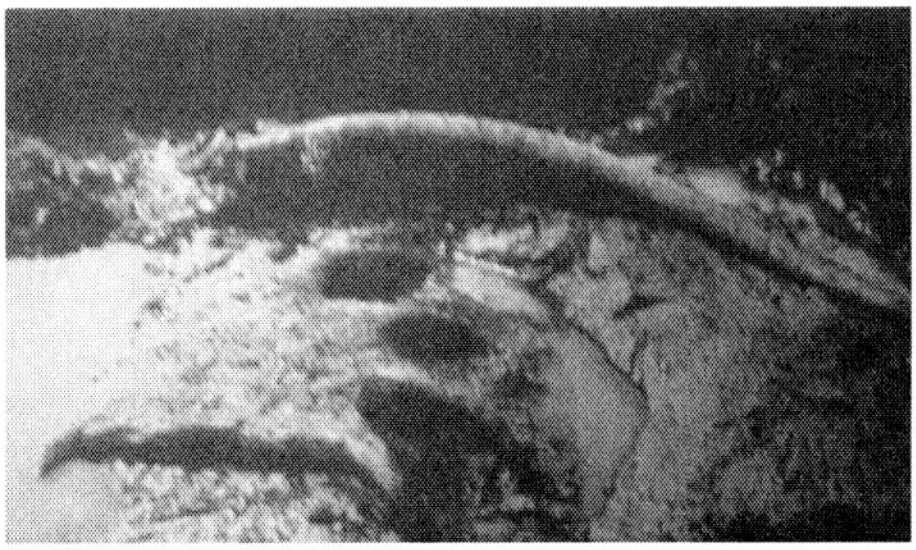

象の牙（上）掌のような角（下）

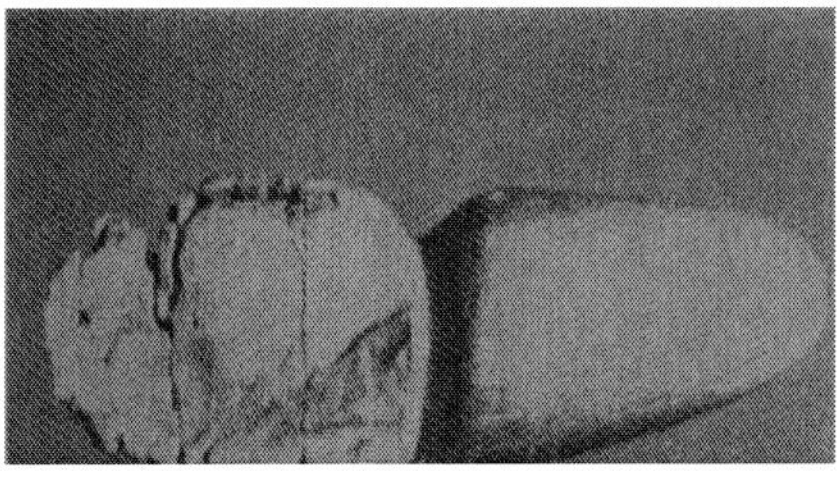

象の牙のヴィーナス像

徴などについては想像するしかないが、少なくとも「ナウマン象の狩人」であったということは言えるだろう。

2 モンゴロイドの遥かなる旅

人類は五〜六〇〇万年前に誕生し、猿人、原人、旧人の段階を経て、現在の人類につながる新人（ホモ・サピエンス）に進化してきたとされる。数十万年前のジャワ原人や北京原人の化石が見つかっているので、アフリカで生まれた原人（ホモ・エレクトス）は、少なくとも百万年前にアジアに向かったと考えられている。

この原人が各地の環境に適応して進化を重ね、現在の人類につながる新人が現れたのか、それとも原人は何らかの理由で絶滅し、代わって現在の人類につながる新人が世界に広がったのか、いろいろな学説の間で論争が続けられていた。

かつて支配的であった人類学の学説は百万年前にアフリカを出た原人がユーラシア大陸に広がり、それぞれの地域で旧人から新人へと進化したというもので、「多地域進化説」とよばれている。

これに対し、すべての現代人はおよそ二〇万年前のアフリカにいた新人の子孫だという学説があり、「単系統説」とよばれている。これはアメリカの分子遺伝学者らが提唱したもので、世界の主な人種集団の遺伝子（ミトコンドリアのＤＮＡ配列）を分析したところ、すべての現代人は二十万年前にアフリカにいた女性グループの子孫であることが明らかになったという。

分子人類学の立場で日本人の起源を論じている尾本恵市《おもとけいいち》さんの著書によると、人類の新人は二十万年前にアフリカに出現し、人類の三大人種のうちネグロイドは十万年前までにアフリカに広まったとされる。一方、十万年前にアフリカを出た人類は西南アジアでコーカソイドとモンゴロイドに分かれ、モンゴロイドのひとつの流れはインドから東南アジアに向った。この南方系のモンゴロイドは「古モンゴロイド」と呼ばれるが、この流れはさらに海を越えてオーストラリアに達したという。

モンゴロイドのもうひとつの流れは五～七万年前に中央アジアから東アジアに向かい、一部は南下して中国に入り、他の一部は北上して北東アジアからベーリング海峡を伝わってアメリカ大陸に向かった。アメリカ・インディアンとよばれた人々の移動経路を示しており、一万三〇〇〇年前には南アメリカの先端に達しているという。

南方ルートの古モンゴロイドの人骨は小柄で、頭や顔の形がより古い形態を示すという。一方、北方ルートの「新モンゴロイド」は

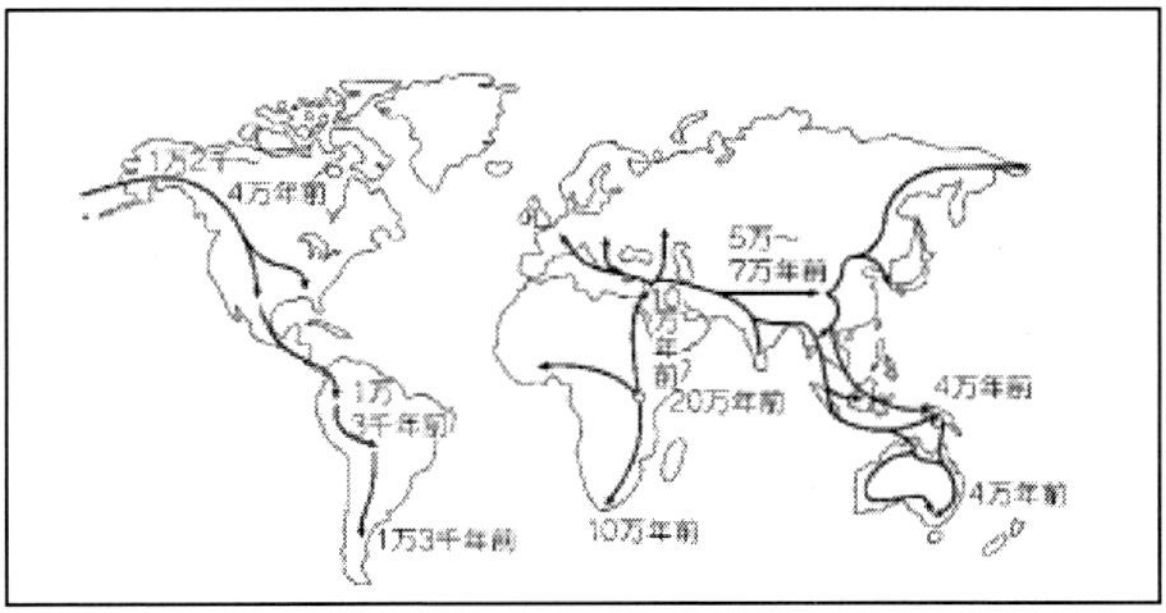

人類（新人）の拡散ルート（尾本恵一著書）

寒冷地に適応して大柄になり、凹凸の少ない顔つきになったという。北方ルートの一派は朝鮮半島に向かっていて、その先に日本列島がある。この図からは北東アジアに起源をもつ集団が日本列島に広がって日本人になったということになる。東アジア諸民族の遺伝子的データを分析した尾本さんは日本人の起源を北東アジアに求める考えを支持しているようだ。

これに対し、形質人類学の立場で日本人の起源を論じている埴原和郎《はにわらかずろう》さんは、南東アジアに起源をもつ人々が縄文人の祖先であり、弥生時代に渡来した北方系の人々と混血して現在の日本人が形成されたとする「二重構造説」を唱えている。この埴原さんの学説は日本文化の源流を考えるうえで説得力に富むと思うので、少し詳しく紹介してみよう。

3 日本列島の気象変動

氷河時代の地球は氷期（寒冷な時代）と間氷期（温暖な時代）がおよそ十万年単位で交互に繰り返されていた。ヴュルム氷期とよばれる最終の氷期が始まったのは七万年前で、日本列島で「野尻湖人」たちがナウマン象の狩りをしていた四〜二万年前はそのなかでも最も寒い時期であった。

氷期は陸地に降った雨や雪が凍りついて海に還らなくなったため、海面が現在より一〇〇～一四〇メートルも下がっていたとされる。日本列島と大陸を隔てる四つの海峡の水深は最も深い所で、間宮海峡が三〇メートル、宗谷海峡が六〇メートル、対馬海峡は一四〇メートルぐらいである。津軽海峡も青函トンネルのルートあたりの水深は一四〇メートル程度。したがって最も寒い氷河時代の日本列島は朝鮮半島やシベリヤ大陸と陸続きになっていたものと考えられている。気象の変化によって海面が上下し、ごく狭い海峡があったことも考えられるが、海面が凍りついて氷上を渡ることもできたはずである。

ナウマン象が日本列島の各地で発掘されるのは、氷河時代の日本列島が大陸と陸続きであったからであり、ナウマン象が生息していた東アジア北部の狩猟民もナウマン象を追って日本列島に渡ってきたのであろう。

しかし、最も寒かった二万年前を過ぎて氷河時代が末期を迎えると、列島の自然環境は変わり始める。温暖化とともに海水面が上昇し、巨大な湖であった日本海は外洋とつながって対馬暖流が日本海に流れ込むようになる。そうすると、日本海の海面から水蒸気が湧きたち、寒冷で乾燥していた日本列島に雨や雪を大量に降らせるようになった。

このような気象変動によって日本列島の森の姿が変わり、針葉樹が茂っていた森に木の実をつける落葉広葉樹が広がってきた。寒冷な土地に生息するナウマン象やオオツノシカなどは北方に去り、こうした大型獣を食料源としていた狩猟民も北に移動していったものと思われる。

一方、氷河時代が終末期を迎えると、東アジアの南東部にいた狩猟採集民が北上をはじめ、中国大陸を経て朝鮮半島と日本列島をつなぐ陸の架け橋を伝わって移動してきたことが考えられる。かれらは小舟を操って航海する能力をもっていて、華南方面から琉球列島を経て日本列島に渡ってきたかもしれない。

日本列島に渡ってきた南方系の狩猟採集民は落葉広葉樹が広がる南西日本の海岸や平野の森に住み、木の実や魚、小型の獣などを食料として安定した生活を獲得した。やがて一万五〇〇〇年前、土器を作る技術を発見し、竪穴住居での定住生活を始めて縄文時代が始まったというのが南方起源説のストーリーである。

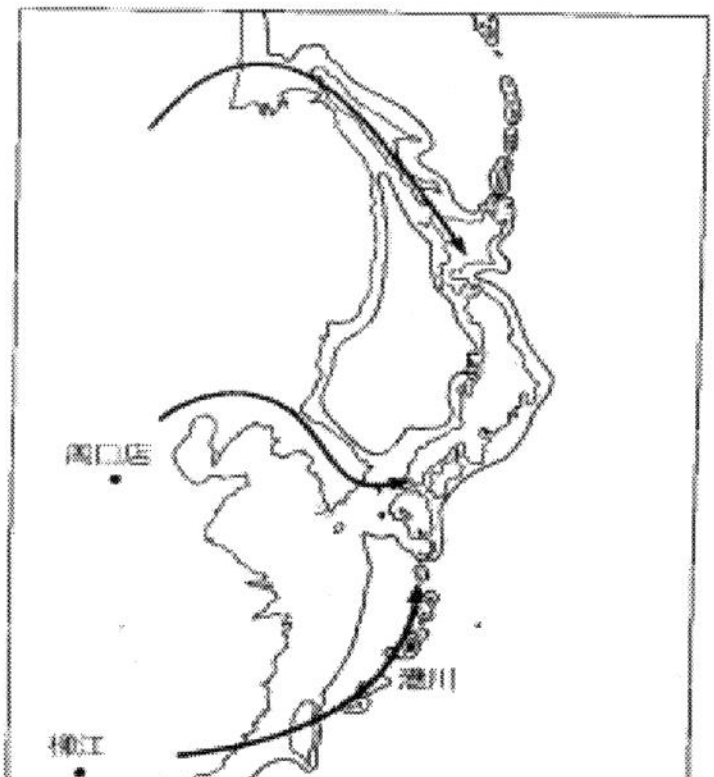

（出所）尾本恵市著「日本人の起源」
２万年前の日本列島（現在の水深２０メートルの線）

4 縄文人は原日本人

このストーリーを立証するような、氷河時代の終末期ころの人骨が琉球列島で発見されている。

この人骨の化石は一九六八年、沖縄県南部の具志頭《ぐしかみ》村《そん》港川《みなとがわ》にある石灰岩の採石場で、岩の裂け目から発見された。全身の骨がほぼ揃ったものが四体、ほかの破片を数えると、ほぼ十体分の骨があったという。一緒に発掘された木炭の年代測定によって一万六～八〇〇〇年前の骨と推定され、**「港川人」**と呼ばれている。人類学の鈴木尚教授（東大名誉教授、故人）はこの港川人の形質を研究し、「湊川人は中国南部に起源をもつ集団の一員であり、縄文人の祖先集団にあたる」と結論づけている。私は早稲田大学の学生時代、鈴木先生の講義を聞いたことがあるが、縄文時代の人骨を研究した鈴木先生によると、縄文人は①身長が低い、②頭骨と顔面の幅が広い、③頑丈な顎の骨をもつ、④四肢の骨から腕と足の筋肉が発達している、などの特徴があるという。

一般にモンゴルから朝鮮半島にかけての人々は凹凸の少ない顔立ちをしており、寒冷地に適応して体型が大きく、体毛は少ないとされている。これに対し琉球列島の人々やアイヌの人々は小柄な体型、彫りの深い顔、濃い眉毛、発達した顎といった特徴がある。鈴木先生が指摘した縄文人の特徴と共通する点が多く、南方から移動してきた原日本人、すなわち縄文人の後裔であるという考え方に納得できる。

しかし現代の日本人はどちらかいうと、北方系に近い顔立ちと体型の人が多いように思われる。現代の日本人は縄文人とどのようにつながるのか疑問が湧いてくるが、これを明快に説明するのが先に紹介した埴原和郎《はにわらかずろう》さんの学説である。埴原さんの「二重構造説」の結論を要約しておこう。

① 氷河時代の終末期に東アジアの南方に起源をもつ旧石器時代人が日本列島に移動してきた。原日本人というべき集団で、縄文人はその子孫である。

② 新石器時代の縄文人は気候の温暖化とともに琉球列島から北海道まで広がり、縄文土器を特色とする文化を一万年にわたって形成した。

③ 縄文時代の晩期から弥生時代にかけて、東アジアの北方に起源をもつ人々が日本列島に渡来し、稲作農耕を中心とする弥生文化を形成した。

④ 渡来した弥生人と先住者である縄文人との間で混血が進み、北方系の特徴を持つ本土の日本人が誕生した。

⑤ 混血が進まなかったアイヌと琉球列島の人々は縄文人の血を色濃く継承している。すなわちアイヌや琉球人は原日本人である縄文人の直系の子孫である。

この研究にあたって、埴原さんは統計学の多変数解析法という手法を用い、人骨や歯の形態に関する複雑なデータを分析した。日本だけでなくアジア・太平洋地域の過去と現在の人類学的データを比較した結果、アイヌと琉球人、そして縄文人のグループが本土の日本人、弥生人、そして朝鮮半島の人々のグループと大きく異なっていることを解明したのであった。

次の二つの図は埴原さんの「二重構造説」を示したものである。上の図は尾本恵市さんの著書『分子人類学と日本人の起源』から引用したもので、下の図は私が地図関係を考慮して作り直したものである。その際、原図を少し変更している。

私が作り直した図の上部は縄文時代の晩期から弥生時代にかけて、北方系の集団が大陸から朝鮮半島を経て渡来し、縄文人との間で混血が行われたことを示している。

図表4　二重構造説

主として頭骨の計測値データの統計的解析による日本人の系統的関係の推定（埴原、1991を改変）→

埴原和郎・二重構造説

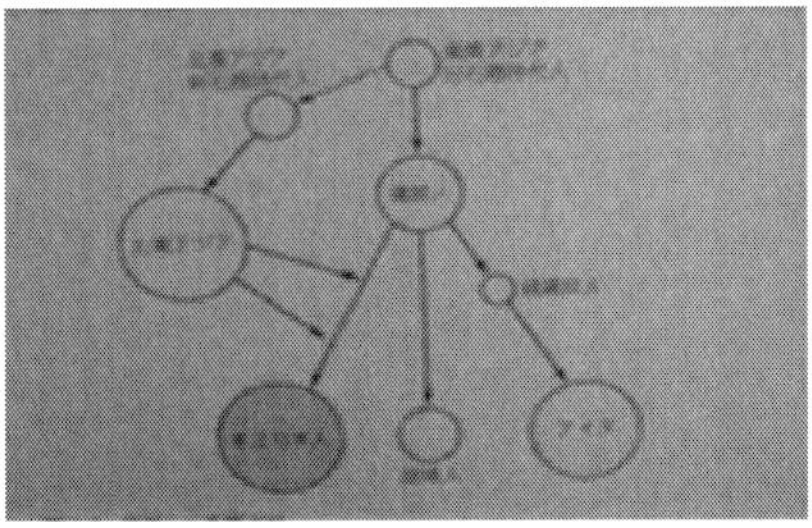

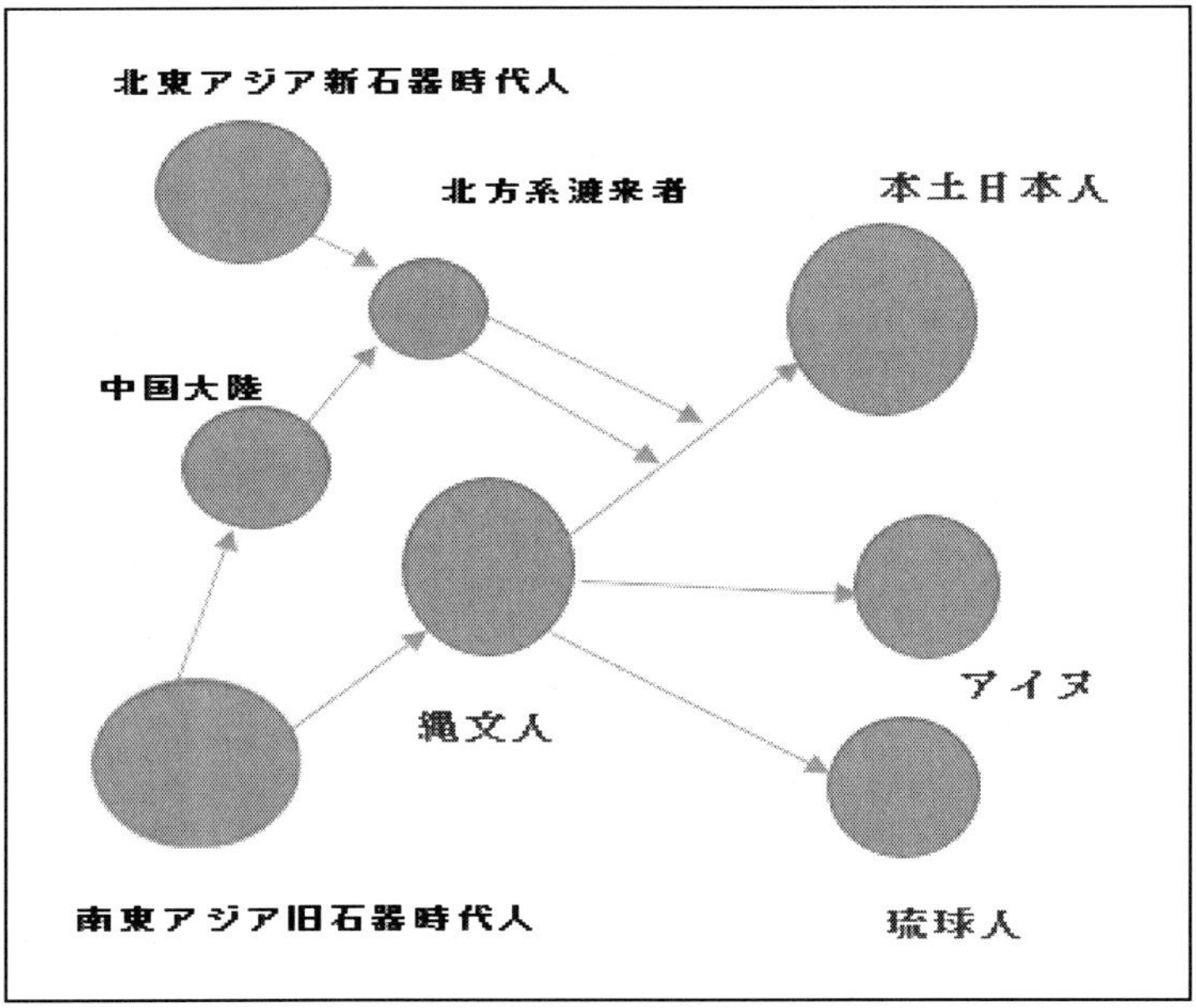

著者作成

渡来集団の出身地は北方系といっても中国の華北方面や朝鮮半島、さらには現在のロシア沿海州などさまざまであったろうし、華中や華南から渡来した人々もいたことであろう。渡来の経路も朝鮮半島経由だけでなく、中国の長江下流方面から船で直接渡来した人々もいたと思われる。

渡来人の集団はどこからどんな動機で来たのか、縄文人と弥生人の混血はどのようにして行なわれたのか、混血により本土の縄文人は消えてしまったのかなど、新たな謎が生まれてくる。章をあらためて、縄文時代から弥生時代へ移行するころの状況を見ることにしよう。

第７章　縄文人はどこに消えたか

銅矛と銅鐸（島根・荒神谷遺跡）

過去一万年の気象変動を大まかにまとめてみると、縄文時代の早期から前期にかけて温暖化が進み、日本列島の海岸線は今よりもずっと陸地の内部に入り込んでいた。これは縄文海進とよばれているが、神奈川県を例にとると、六〇〇〇年前は大船から戸塚にかけて海が入り込み、平塚や茅ヶ崎の平地は大部分が海になっていた。

縄文時代の中期が終わるころから日本列島は次第に寒くなり、晩期に入るころ寒冷期のピークを迎えている。その後も小刻みに温暖期と寒冷期が訪れているが、江戸時代の寒冷期のあと現代は温暖化が進んでいる時期である。

こうした気象変動のもとで縄文時代の中期は北日本を中心に東日本が発展していたが、縄文時代の後期になると、西日本の遺跡の数が急に増加し、三七〇〇年前になると九州地方にも大規模な貝塚が営まれるようになった。

これは落葉広葉樹を交える豊かな森が西日本にも広がり、縄文人の生活基盤が再生したことを示している。また後期以降の西日本の遺跡からは土偶や石棒など東日本の縄文文化を象徴するような遺物が出土し、東日本から西日本へと人と物の移動があったことを物語っている。

1　ユーラシア大陸で広がった民族移動の嵐

日本列島の内部で縄文人の集団的移動があったというのであるが、日本列島だけの話ではなく、今から三二〇〇年前、地球規模の寒冷化が引き金になってユーラシア大陸の各地で民族移動が発生したという。

環境考古学の安田喜憲さんによると、シリア、アナトリア高原、ギリシャ、インダス平原などを対象に湿地の古い地層の花粉分析を行ったところ、いずれも三五〇〇年前から三〇〇〇年前の間に著しい寒冷化があったという。この気象変動では寒冷化とともに北緯三五度前後を境にしてそれより北では湿潤化が進み、それより南では乾燥化が引き起こされたと安田さんは述べている。

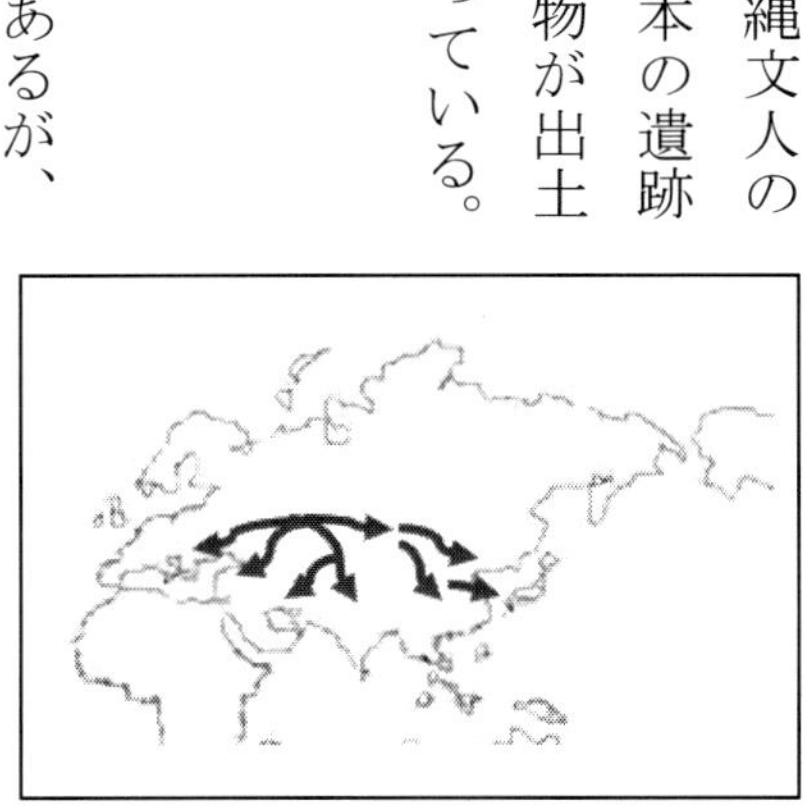

3200年前の民族大移動（イメージ）

この気象変動を契機として、ヨーロッパでは北から南への民族移動の波が起こり、東欧のバルカン半島からトルコのアナトリア高原にかけて栄えていたヒッタイト帝国は北から侵入してきた謎の民族によって崩壊した。また東地中海で栄えていたギリシャのミケーネ文明は北から侵入してきたギリシャ系の別の一派、ドーリア人によって滅ぼされ、紀元前一二〇〇年を契機にギリシャは暗黒時代に入った。古代文明の崩壊をもたらした民族移動はユーラシア大陸の内陸部から東にも向かい、印欧語族の集団が南下してインド西北部に繁栄していたインダス文明を崩壊させている。

そのころ東アジアでも寒冷化を契機とした民族移動の波が起こっていた。古代中国の殷王朝が黄河の上流域を本拠とする周王朝によって滅ぼされたのは紀元前一一二七年、およそ三二〇〇年前のことである。周王朝は陝西省の西の山脈を越えて移ってきた民族で、漢民族から西戎北狄《せいじゅうほくてき》と呼ばれた周辺民族と関係が深かったという。その周が黄河沿いに東へ東へと進出しはじめたのは地球規模の気象変動が起こった紀元前一二世紀前後のことである。

気候の寒冷化に加え、中央アジアに発した印欧語族の民族移動の圧力がアルタイ山脈を越えて東方に及び、玉突きのように東へ東へと、民族移動を引き起こしたのではないだろうか。この東への民族移動の圧力が日本列島にも波及してきたことが考えられる。

一つは東夷とよばれていた中国大陸沿岸部の民族が西からの圧力を受けて移動を

はじめ、山東半島から遼東半島、朝鮮半島を経て九州方面に移住してきたというシナリオである。もう一つ、西からの圧力により黄河流域を離れて南下した民族が中国の長江流域を支配するようになり、華南方面にいた民族が追われて日本列島に渡ってきたというシナリオも考えられる。これ以外にも西からの圧力が中国東北部から現在のロシア領沿海州にまで及び、北海道方面や東北地方北部に移住してきた人々もいるかもしれない。

このような西からの圧力が今から三千年くらい前に日本列島にも波及し、大陸からさまざまな民族が次々に日本列島に渡来した。それとともに縄文の世界にはなかった新しい生活技術や社会システムが持ち込まれ、やがて西日本から水田耕作を中心とした弥生文化が広がって縄文時代は終焉に向かったのである。

2　大陸からの渡来民と縄文人

このような大陸からの人の流れはどのような形で行われたのであろうか。

まず、数家族程度の小さな集団で移ってきた、いわば難民のような形であったことが考えられる。あるいは男だけの集団が船に乗って渡来してきたかもしれない。

中国大陸の長江流域ではすでに稲作農耕が普及していたから、彼らは水田を作り管理する知識をもっていたと思われる。また稲作農耕に必要な鉄器の農耕具をもっていたことであろう。さらに青銅器の武器をもっていたかもしれないが、日本列島にはすでに縄文人の社会が成熟していたから、必ずしも戦いにはならなかったと思われる。

このような形で日本列島、とくに九州や中国地方の日本海側に移ってきた渡来民の集団は彼らがもちこんだ青銅器や鉄器などを在来の住民つまり縄文人に渡し、稲作農耕の技術を教えたのではなかろうか。それによって渡来民の集団は縄文社会に受け入れられ、独身の男性は縄文人の女性との間で子孫をつないでいったと考えるのである。

次に、相当数の家族集団がまとまった形で日本列島に移動してきた形が考えられる。私がかつて勤務していた山口県には、渡来民族の集団墓地とされる**土井ケ浜遺跡**（下関市豊北町）があるが、日本海側の響灘に面した砂丘にあり、三〇〇体を超える人骨が見つかっている。弥生時代前期から中期にかけての集団墓地で、縄文人とは異なる形質をもった人々であることが分かっている。

土井ケ浜人とよばれるこの人骨は頭が丸く、面長で、身長は高いとい

土井ケ浜遺跡の集団墓地跡
（下関・人類学ミュージアム）

う北方系の特徴があり、出身地については、朝鮮半島からの渡来者説や中国の東北地方説などいろいろと議論されてきた。最近の調査では、中国山東省の遺跡で発掘された人骨に、きわめてよく似た形質をもつ人骨があるという。

彼らは在来の住民と混在せず、渡来者だけの集団で集落を作っていたとされる。発掘された成年男性の人骨のなかには、胸から腰にかけて一五本の石鏃が打ち込まれたものがあり、戦闘で倒れた戦士を葬ったのではないかとみられている。渡来集団と上陸地の人々との間が必ずしも平和な関係ではなかったことを示しているのかもしれない。

さらに、中国大陸ですでに一定の地域を統治していた社会集団が支配地域の拡大を求めて日本列島に渡来してきたことがあったかもしれない。相続させる土地が狭い場合、子のなかのだれかに軍勢を授けて海に乗り出すことを命じたこともあったのではないだろうか。

こうした遠征型の渡来民の場合、上陸地の先住民、つまり縄文人の集団と戦いが生じたことはありうるだろう。古事記の国譲り神話は大陸からの渡来民集団が強力な武力を背景にして出雲を本拠地とする縄文人の集団を服従させた史実を反映しているといえるかもしれない。また神武東征の神話も九州に渡来した大陸系の集団が各地の先住民、つまり縄文人との戦いを繰り返しながら日本列島の中心部、大和に進出した史実を反映しているのかもしれない。

戦前の日本ではいわゆる皇国史観に立って教科書を作り、古事記や日本書紀の神話を歴史そのものとして子どもたちに教えてきた。その反動で戦後は記紀の神話を史実とは無関係の物語として無視する考えが支配的であった。

しかし記紀が伝える日本神話には、弥生時代の日本列島の姿がかなり色濃く反映されているのではないだろうか。この考え方に立って、日本神話のなかの縄文人についてはを章をあらためて私の解釈を書くことにしたい。

3 弥生時代の日本列島

もともとの意味での弥生時代は、東京本郷の弥生町で見つかった弥生式土器が使われていた時代ということであった。ところが弥生式土器を使っていた人々が水田の稲作を生活の糧にしていたことが分かり、水稲を生活の基盤にした農耕社会が広がってからを弥生時代というようになった。

稲作水田農耕の拡がり

では日本列島での水田稲作農耕はいつ始まったのだろうか。

佐賀県の**菜畑遺跡**や福岡県の**板付遺跡**で水田の遺構が発見されたことは第2.章「縄文一万年の歩み」のなかで紹介した。縄文時代晩期とされる二九〇〇年前の遺跡である。水田による稲作農耕はおそらく中国長江の河口方面から北部九州に渡来した人々によってもたらされたものであろう。かつて弥生時代は紀元前五世紀ころからといわれていたが、北部九州での水稲栽培を基準にすると、弥生時代はおよそ三〇〇〇年前にはじまったことになる。

このころの日本列島を全体として眺めると、人々は縄文時代の生活様式を続けていた。森と海の恵みを巧みに利用し、自然と共生する生活である。しかし水稲農耕を基盤とする生活様式は急速に日本列島に広がっていった。山陰地方や瀬戸内方面では紀元前七世紀に、伊勢湾の沿岸地方でも紀元前六世紀に水田による稲作農耕がはじまっている。

関東地方や東北地方で水田稲作農耕が始まるのはだいぶ後のことで、琉球諸島や北海道では稲作農耕は行われなかった。青森県の垂柳遺跡で紀元前三世紀の水田遺構が発見されているが、稲作農耕の導入による社会的変化が起こった形跡はないという。大まかにいうと、弥生時代の日本列島は近畿地方から西の半分で水田の稲作

板付遺跡

を基盤とする農耕社会が発展し、東海地方から東の半分は縄文時代からの社会が続いていたのである。

社会の変化

水田による稲作農耕によって社会が変わったというが、どう変わったのであろうか。水田の畦道を作り、田圃に水を供給する水路を作るのは大変な作業である。少人数の集落では困難であり、いくつかの集落が協力して作業をしなければならない。台地にあった集落は水利のよい平野に移り、集落の規模は大きくなっていった。

こうした開墾の作業は水田稲作農耕の知識をもった指導者のもとに人々が協力して行われることになる。渡来民が指導者になったこともあるだろうが、多くは稲作技術を渡来民から教えてもらった在地の有能な人間が多くの集落を統率して開墾の作業を進めたと思われる。

こうして水田による稲作農耕が生活の基盤になると、水田にする土地の確保や水利の確保が重要になる。これをめぐって集落と集落の間で争いが起こり、武器を手にした戦いになることもしばしばあったはずである。戦いは金属製の鋭い武器をもった方が有利である。弥生時代の北部九州で青銅器の銅剣や銅矛が多数発見されたのはこうした事情によるものであろう。

銅剣や銅矛・銅戈は大陸からの渡来者によってもたらされたが、九州での青銅武器の製造は比較的早い時期にはじまっている。初期は実用の武器として用いられたが、弥生時代の中ごろを過ぎると幅広の銅剣が多くなり、権威の象徴として用いられるようになったと考えられている。

環濠集落

弥生時代の日本列島では集落の周りに濠をめぐらしたいわゆる環濠集落が生まれている。第2章で紹介した**板付遺跡**は環濠集落であり、濠の幅は一～五メートル、深さは一～二・五メートルで、掘りあげた土で内側に土手が築かれている。よその地域からの襲撃を防御する必要があるためで、縄文時代にはなかった社会的緊張が生まれていたのであろう。

戦争が行われた証拠は石の鏃《やじり》が突き刺さった人骨や頭部がない人骨など、鋭利な武器によって傷を受けた人骨が数多く見つかっていることである。佐賀県の**吉野ケ里遺跡**でも発掘された甕棺のなかからこうした受傷人骨が多く見つかっている。吉野ケ里遺跡は大きな環濠集落であり、激しい戦闘が行われていたのであろう。

石鏃がささった人骨は縄文時代に皆無ということではないが、弥生時代の中期に

復元された吉野ケ里遺跡

かけて北部九州、とくに福岡県地方で多数の受傷人骨が見つかっている。水田の稲作農耕が早く始まった北部九州で土地や水利をめぐる戦争が頻繁に起こっていたことを示しているといえる。

戦争の証拠は青銅器の武器や傷を受けた人骨、環濠集落だけではない。弥生時代の中ごろから末にかけて築かれた高地性集落も戦争の存在証明である。平地から数十メートル、あるいは二～三百メートル高い山に築かれた集落は戦争に備えた城のような性格をもった防御施設と考えられている。瀬戸内海沿岸や大阪湾付近に多く見られる高地性集落を魏志倭人伝の倭国大乱に関係した施設だとする見方もあるようだ。

「クニ」の発生

弥生時代の特徴として、水田稲作農耕、頻発した戦争とともに社会単位としての「クニ」の発生をあげることができる。

水田の開墾や戦争を勝ち抜くためには大きな集団の方が有利である。戦いに勝利した有能な指導者のもとに多くの集落がまとまり、やがて地域を単位とした「クニ」が生まれることになる。クニの指導者は祖先の祭祀、戦闘の統率、集落間の争いの調停、他のクニとの交易などの統治行為を行い、権威を増していく。

弥生時代の稲作によるコメの収穫量はそれほど多くはなかったであろうが、高床式の倉庫のなかに収穫したコメを備蓄することは可能であり、備蓄量は少しずつ増えていったことであろう。こうしてクニの統治者のもとに富が集積され、青銅器の祭祀具も蓄積されていった。近畿地方から東海地方に多く出土する銅鐸はこうして蓄積された祭祀具であったと考えられている。

さらにクニとクニが争い、その戦乱のなかから広い範囲を統治する王権が生まれていった。魏志倭人伝が描いた倭国大乱は弥生時代の末に、クニとクニが互いに戦乱を繰り返し、やがて王権が生まれた歴史を伝えている。

4 縄文人の出雲王国

弥生時代の終末期、日本列島に王国といえるような政治的中心があったのか。あったとすれば、それはどこにあったか。

大和に政治的中心があったとする邪馬台国畿内説は畿内から北九州にかけての西日本一帯がすでに政治的統合を成し遂げていたという考えに立っている。これに対し、邪馬台国北九州説は北部九州にあった多数のクニを統合した王国を想定していると思われ、北部九州の王国がやがて畿内に進出して大和王朝を樹立したと考えているようである。

　いずれにしても縄文の暮らしが続いていた日本列島の東半分は視野の外におかれている。魏志倭人伝など古代中国の史書に東日本の姿が入らないのは当然で、中国の史書に沿って日本人の歴史を論じると、縄文の世界は日本列島の歴史から消されることにならざるを得ない。

　しかし、縄文の世界を眺めてきた私にすると、弥生時代の出雲を中心に縄文人の王国があったと考える方が日本列島全体の姿が見えるように思われる。縄文時代を通じて日本列島には同じ言葉を話し、同じ生活様式と同じ宗教観念をもった縄文人が生きていたからである。

　弥生時代になって彼ら縄文人が消えてしまったわけではない。縄文人から弥生人へという人種交代があったという説を唱えた人もいるが、考古学はこれを否定している。そこで弥生時代の縄文社会はどうなっていたか、弥生時代に先進的な縄文社会があったと思われる出雲をとりあげることにしよう。

　出雲の**荒神谷遺跡**《こうじんたにいせき》と**加茂岩倉遺跡**《かもいわくらいせき》で大量の銅剣・銅矛と銅鐸が発見されたことは記憶に新しい。弥生時代の見方を変えるような発見として大きな衝撃を与え、古代出雲王国の存在を示すものではないかと話題になった。まず二つの遺跡の発掘物語を書いておこう。

一九八三年、島根県簸川町《ひかわちょう》神庭《かんば》（現在は出雲市）の山間部を通る広域農道の建設に際して、島根県教育委員会の史跡調査が行われた。田圃の畦道で須恵器（土器）のかけらが見つかったため周辺に古代遺跡があるかもしれないと発掘調査をしたところ、小さな谷間の南向きの急斜面から土に埋められた銅剣三五八本が発見された。さらに金属探知機で探査したところ、七メトル離れた斜面から銅鐸六個と銅矛一六本が発見された。

下の写真は大量の銅剣が発見された斜面を撮影したもので、遺跡の近く荒神さま」が祀られていることから荒神谷遺跡と命名された。神庭という地名には古代の記憶がとどめられているのかもしれない。

この一三年後、荒神谷遺跡から南東へ三キロほど離れた雲南市加茂町岩倉の山間でも道路の建設工事が行われた。掘削重機の下で異様な音がしたのに気づいた運転者が重機を停めてのぞいたところ銅鐸があった。これをきっかけに開始された発掘調査によって、三九個の銅鐸が山の斜面に埋納された状態で発見されたのである。

この二つの遺跡は出雲平野からよく見えるお椀を伏せたような山容の仏経山《ぶっきょうさん》のふもとにある。仏経山という名前は後世につけられたもので、出雲風土記では神々の依代《よりしろ》である神奈備《かみなび》山の一つと記されている。古代の人々にとって神聖な神奈備山

荒神谷遺跡

の麓に大量の青銅器が埋められていたことは何を意味しているだろうか。少なくとも貴重な青銅器を大量に保有する社会集団が出雲に存在していたことを物語っていることは確かである。

荒神谷遺跡が発見される前に全国各地で発掘された銅剣は全部で三〇〇本余り。これを大幅に上回る三五八本の銅剣が出雲で発見されたのである。また、銅鐸の出土例では滋賀県野洲《やす》町の大岩山遺跡と神戸市桜ケ丘町の神岡遺跡の一四個が最多記録であったが、加茂岩倉遺跡の三九個はこれを大幅に上回るものであった。

弥生時代の日本列島には、北部九州を中心とする銅剣・銅矛文化圏と近畿地方を中心とする銅鐸文化圏が存在したと考えられていた。日本史の教科書にもそのように記されていたはずである。ところが青銅器文化の空白域であった出雲から大量の銅剣・銅矛・銅鐸が発見されたことは大きな衝撃であった。

出雲大社に近い古代出雲歴史博物館には、荒神谷遺跡と加茂石倉遺跡から出土して国宝に指定された銅剣・銅矛と銅鐸がずらりと展示されている。古代出雲王国の輝きを示すようになんとも壮観であり、一度ご覧になることをお勧めしたい。

古代出雲歴史博物館の銅剣

古代出雲歴史博物館の銅鐸

日本海と宍道湖の間に広がる出雲平野は中国山地から流れてくる斐伊川の水利に恵まれ、弥生時代の比較的早い時期に水稲農耕が導入されている。その技術は北部九州からもたらされたものであろうが、水田を開拓したのは縄文時代からこの地方に住んでいた縄文人の後裔であったと思われる。この地方で発掘された弥生時代の人骨のほとんどは縄文人の系統であることを示しているからである。

古事記の出雲神話に、スサノオの子孫であるオオクニヌシが海の彼方からきたスクナヒコナと協力して国造りに励んだとあるのは渡来人の協力があったことを示唆しているようで興味深い。またスサノオの子神であるイソタケルが朝鮮半島の新羅から樹木の種子を持ち帰り、紀伊国などに森を広げたとあるのも出雲と新羅の深い関係を示しているように思われる。

山陰地方の日本海沿いには小舟の航行に利用できる港が多く、舟による交流は縄文時代から盛んに行われていた。出雲神話にあるように、日本海を挟んで対岸にあたる朝鮮半島の東海岸とも交流があったと考えられており、大陸の先進的な品物、例えば鉄の原材料は産地の新羅からもたらされていた。もちろん先進的な情報も新羅経由で出雲地方にもたらされていたはずで、出雲は東日本の縄文社会が情報を入手する最先端基地であったといえるだろう。

このような立地条件を備えた出雲地方では開墾の進行によって人口が増え、北部九州や朝鮮半島東海岸との交易によって富が蓄積された結果、大量の青銅器を保有するだけの経済力をもった王権が成立していた可能性は否定できない。荒神谷遺跡や加茂岩原遺跡に埋められていた大量の青銅器は何らかの事情で人目につかない谷あいに埋められたものと考えたい。

出雲は北部九州と近畿地方の中間にあり、双方と交流があったことも間違いない。北部九州と出雲は海上交通で密接に結ばれており、銅剣銅矛の文化圏がつながることに不思議はない。出雲と大和は海上交通だけでなく、伯耆・備中・播磨を通る陸路でも結ばれている。出雲と大和は縄文時代から密接な関係があり、弥生時代に入って銅鐸による祭祀が同じように行われていた可能性がある。

国際日本文化研究センターの名誉教授で、古代史に関する多くの著書がある村井康彦さんは『出雲と大和』のなかでこう述べている。

…かつて出雲は強大な勢力を有していたという認識はほぼ定着したといってよい。しかし、そうした（銅剣銅鐸の発見のような）事件が時々の話題にされることはあっても、結局出雲は大和朝廷に隷属する存在でしかなかったとされ、…出雲を古代史のなかで正当に位置づける作業はほとんどなされていないように思われる…

そこで村井さんの著書と関連して、私なりの古代出雲王国論を書いてみることにしよう。もとより私は考古学や歴史学の専門家ではなく、古代史に興味をもつジャーナリストであるから、思い切って自分なりの推理を書くことにしたい。

日本列島では最初に渡来人を受け入れた北部九州で稲作を基盤としたクニが生まれ、弥生時代の後半にはクニの政治的な統合によって北部九州を中心とした王権が成立した。これは縄文時代と違って、戦争が頻発した時代であり、銅剣銅矛の文化が広がった。

少し遅れて朝鮮半島東南部（新羅地方）との関係が深い出雲地方にも縄文人の後裔である王権が出現し、縄文時代からつながりの深い大和地方にも勢力が及んだ。こちらは祭祀を重視する社会で、銅鐸を中心とする青銅器文化が生まれた。

古代における出雲と大和の関係が密接であったことは、村井さんの著書にある通り、出雲系の神々が大和に多く祀られていることに示されている。

私事になるが、私の父祖は出雲風土記に記載されている古い神社（来待神社《きまちじんじゃ》）の社家を務めており、神社の祭神は大和の大神《おおみわ》神社とおなじオオモノヌシである。私の家には崇神天皇の時代に大神神社の祭神が出雲に戻ってきたという伝承があり、祖母から言い伝えを聞いたことを覚えている。

この伝承を裏付けるものとして、大神神社には社家が代々出雲から妻を迎えていたという系図も残されている。神社名鑑を調べても、全国、特に東日本に出雲系の神を祀る神社が多いことは周知の事実である。縄文時代のネットワークが残されていると考えたい。

こうした縄文社会の政治的中心として出雲王国が誕生したのは朝鮮半島と向かい合っているという立地条件があったからで、出雲は大陸の新しい技術・情報を受け入れる情報センターの役割を果たしていたのであろう。

しかし、弥生時代の終末期に、南部九州から東に向けて進出した大陸系渡来民の武力集団に出雲王国は屈服し、政治的な統治権を放棄した。そのとき出雲に蓄積されていた大量の銅剣・銅矛・銅鐸は密かに出雲の神名備山の周辺に埋め隠され、やがて時代が過ぎるとともに青銅器の存在は忘れ去られていった。

古事記に記された「国譲り」の出雲神話はこのような出雲王国の成立と消失の経過を語り伝えているると考えるのである。

【コラム　小泉八雲と出雲】

ラフカディオ・ハーン、のち日本に帰化した小泉八雲は明治二十三年の夏（一八九〇年）、松江尋常中学校の英語教師として松江に赴任し、熊本に転勤するまで一年三ヶ月を出雲で過ごしました。ハーンは古い日本の面影を残した松江をこよなく愛し、名作『日本の面影』のなかで松江を「神々の国の首都」とよび、古い日本の面影を残した松江の情景を愛情の眼差しで描いています。

異国の人として初めて出雲大社の昇殿を許されたハーンは国譲りの物語など出雲神話の世界をあれこれと記し、「なるほど古事記などは今日もはや語られない言葉でかかれているが、はかり知れない無窮の過去から見たら、ほんの近世の記録に過ぎないであろう。今日の、この十九世紀に大きな脈搏をつづけている古代信仰、―杵築《きすき》（著者注、出雲大社のこと）を見るということはそうした悠久な古代信仰の脈搏にふれることなのである」と記しています。

縄文の世界が知られていなかった明治時代の中ごろ、作家として鋭い感受性をもっていた小泉八雲の眼には出雲の風土と人々の心に日本人の原郷が映っていたのでしょうか。

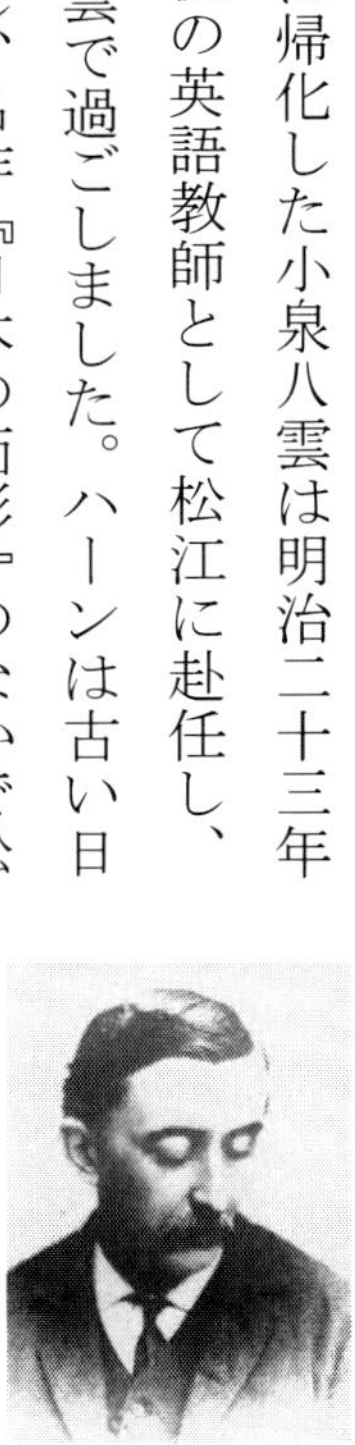

小泉八雲

第８章　日本神話の中の縄文人

海潮神楽「国譲り」（出雲・須我神社）

古事記や日本書紀に縄文人が描かれているだろうか。

もちろん、縄文人という言葉では登場しないが、アマテラスの子孫、いわゆる天孫族が渡来する前から日本列島に居住していた先住民として縄文人は記紀のあちこちに姿を見せている。

国譲りを迫られたオオクニヌシ（大国主命）以下の出雲族、神武東征に抵抗したナガスネヒコ（長髄彦）、ヤマトタケル（倭建命）に討たれたクマソタケル（熊曽建）と東国の人々…。このように大和朝廷によって「服《まつろ》はぬ人ども」（古事記崇神紀）として征服され、滅びていった人々こそ縄文人であったと考えたい。

記紀になじみの薄い方々を考慮して、まず神話の概要を紹介し、そこに登場する神々や人物のなかに縄文人の姿を探すことにしよう。

1 国生みの神話から

古事記は**イザナキ(伊耶那岐命)**、**イザナミ(伊耶那美命)**の二柱《ふたはしら》の神《かみ》による国生《くにう》みの神話《しんわ》にはじまる。夫婦《ふうふ》の神であるイザナキとイザナミは高天《たかま》の原《はら》(天上界《じょうかい》)の神々《かみがみ》の合議によって国つくりを命じられ、最初に姿を現した淤能碁呂嶋《おのごろしま》の神殿で交わったところ、日本の国土大八嶋国《おおやしまのくに》と神々が生まれたとされる。

このあと、イザナキは亡《な》き妻《つま》イザナミに会《あ》うため黄泉《よみ》の国(死者《ししゃ》の国《くに》)を訪《おとず》れるが、妻《つま》の亡骸《なきがら》をみてしまったイザナキは辱めを受けたと憤るイザナミの軍勢に追われながら逃げ帰る物語が描かれる。このとき黄泉の国との境をふさいだ坂、黄泉比良坂《よもつひらさか》は出雲の国の伊賦夜坂《いふやさか》であると古事記は記している。

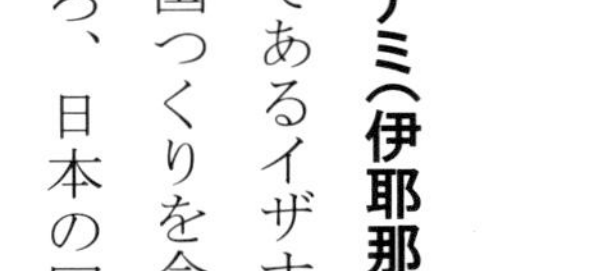

黄泉比良坂の伝承地(東出雲町)

この神話を縄文人と関係づけてどう解釈するか。

高天の原は天と地が分かれたときに現れた遥か彼方の世界(天上界)なので、高天の原から天降ったイザナキは日本列島に渡来した大陸系集団の神を象徴していると考えることができるだろう。一方、イザナミも高天の原から来たことにされているが、亡くなって葬られた黄泉の国が出雲にあるというのはなぜだろうか。イザナ

ミは本来、先住民である縄文人の母神であったから、出雲に葬られたのだと解釈したい。

この夫婦《ふうふ》の神の間に多くの子神が生まれたという神話は渡来民の男性と先住民の女性の間で混血が行われたことを反映しているといえそうだ。また、イザナキがイザナミの軍勢に追われたというくだりは渡来民である天孫族と縄文人である出雲族の間で不和が生じ、戦いが行われたことを暗示しているように思われる。

2 高天の原の誓約《うけい》から

次に、**アマテラス（天照大御神）**と**スサノオ（建速須佐之男命）**の姉弟の神が高天の原で対決したあと誓約を行い、勝ち誇ったスサノオが高天の原で乱暴な振る舞いを重ねた末、最後は出雲に追放されるまでの神話をみてみよう。

古事記によると、イザナキはアマテラスに「汝は高天の原を治めよ」と命じ、ツキヨミ（月読命）には夜の国を、そして、スサノオには海原を治めるように命じた。しかし、スサノオはイザナキの命令に従わず、「母のいる根之堅州国《ねのかたすくに》に行きたい」といって泣《な》きわめくばかりであったため、神々のいる高天の原から追放されてしまう。

「アマテラスに事情を説明する」といってスサノオが高天の原に向かったとき、アマテラスは「私の国を奪いに来たに違いない」と疑って猛々しく武装し、スサノオと対決した。「背くつもりはない」と弁明するスサノオの言葉が真実かどうか、姉弟神の間で誓約が行われた。（注６）

この誓約《せいやく》のあと、勝《か》ち誇《ほこ》ったスサノオは高天の原にとどまり、田《た》の畦《あぜ》を壊《こわ》したり、機織《はたおり》の建物《たてもの》の屋根《やね》を破《やぶ》って馬《てうま》の死体《したい》を投げ入れたりするなど、乱暴な振る舞いを重ねた。このためアマテラスが天《あめ》の岩戸《いわと》に籠もる事態となり、高天の原の神々が協力して天の岩戸を開ける物語が展開する。再び高天の原から追放されたスサノオは出雲の肥《ひ》の河《かわ》（斐伊川《ひい》）の川上に降り立ち、八俣《やまた》の大蛇《おろち》を退治する物語につながるのであるが、この一連の物語から何が見えてくるだろうか。

スサノオが乱暴をした高天の原は田の畦があり、水路があって、機織の小屋があるなど温暖な農村風景そのものである。弥生時代の光景といってもよいだろう。そこを治めるアマテラスは中国大陸のどこか、おそらくは長江下流域に広がる農耕民の信仰を反映したものであろう。

これに対し、スサノオはアマテラスの弟神とされているが、本来は出雲族の主神であったと思われる。「母のいる根之堅州国《ねのかたすくに》に行きたい」と泣きわめくスサノオは異

（注６）この誓約によって、スサノオの剣から三柱の女神が生まれ、アマテラスの勾玉の緒からは五柱の男神が生まれた。この男神のうちの長男、アメノオシホミミ（天之忍穂耳命）の子孫は天孫降臨の主役になる。

国から渡来したイザナギによって出雲の統治権を奪われたことに抵抗する姿であるかもしれない。

スサノオが高天の原に押しかけてアマテラスと対決したシーン。これは縄文時代の晩期から弥生時代にかけて、渡来した農耕民の集団と先住民である縄文人との間でたびたび戦いがあったことを反映していると解釈してみたい。

私ごとであるが、私の祖母の実家、島根県大東町にある須我神社《すがじんじゃ》は、八俣の大蛇を退治したスサノオが、助けたクシナダヒメ（櫛名田比売＝稲田姫）を連れてここを訪れ「八雲立つ　出雲八重垣　妻籠みに　八重垣作る　その八重垣を」と歌った神社である。スサノオが出雲族の主神であったことは疑いのないところで、出雲族が縄文人の血を享けていることも間違いないだろう。出雲弁が東北弁とよく似ていることも説明できるのである。

海潮神楽「大蛇退治」（出雲・須我神社）

3　国譲りの神話から

そこで、**オオクニヌシ（大国主命）**の国譲り神話を取り上げることにしよう。天津神《あまつかみ》の高間の原に対して、葦原の中つ国は国津神《くにつかみ》、すなわち縄文人が暮らしてきた地上の世界である。オオクニヌシは海を越えてやってきた小さな神、スクナビコナ（少名毘古那命）の協力を得て国づくりに励み、豊かに稲穂が実る国土が形を成してきた。ここまでは縄文時代晩期から弥生時代にかけての出雲族が海の向こうの、おそらくは朝鮮半島の新羅の人々に学びながら稲作や青銅器の技術を取り入れ、弥生時代の国づくりをしていた歴史を反映していると解釈したい。

古事記《こじき》の国譲《くにゆず》り神話《しんわ》はこのあと、高天の原の勢力《せいりょく》が弥生時代《やよいじだい》の日本列島《にほんれっとう》に進出《しんしゅつ》する歴史《れきし》を語《かた》る。アマテラスは海《うみ》の向こうの島々で国づくりが進む様子をみて「豊葦原瑞穂《とよあしはらみずほ》の国はわが御子、アメノオシホミミの治める国である」と宣言して御子を天降りさせた。しかし、アメノオシホミミは「地上の世界は荒々しい国津神がたくさんいる」といって引き返してきた。

そこで、アマテラスはスサノオとの誓約《うけひ》で生まれた次男の神、アメノホヒ（天之菩卑能命）を送り出したが、アメノホヒはオオクニヌシに篭絡されて三年たっても戻ってこなかった。さらに送り出されたアメノワカヒコ（天之若日子）はオオクニヌシの娘、シタテルヒメ（下照比売）を娶り、使命を果さなかった。

アマテラスは「言むけ」、すなわち外交的手段で服従させる作戦を断念し、武力によって葦原の中つ国を制圧する方針をとることにした。そこで送り出されたのが武神である**タケミカヅチ（建御雷神）**と軍船を意味するアメノトリフネ（天之鳥船神）である。タケミカヅチは出雲の国の稲佐《いなさ》の浜に天降りして、剣を浜に突き立て国譲りを迫った。

オオクニヌシの子神のうち、美保《みほ》の岬に出かけていたコトシロヌシ（事代主神＝言代主命）は国譲りを承諾して身を隠したが、力自慢のタケミナカタ（建御名方神）はタケミカヅチとの力比べに敗れたあと、信濃の諏訪まで逃れ、そこで降参した。最後にオオクニヌシは「太い宮柱を立て天に届くような社を造って祀る」ことを条件に国譲りを承諾した。以上が国譲り神話のあらすじである。これを縄文人とのかかわりで私なりに解釈してみよう。

まず、アメノオシホミミが引き返したのは出雲族もかなりの武力を備えていたことを物語るものであろう。島根県の荒神谷遺跡《こうじんたにいせき》から青銅の剣や矛が大量に発見されたことはこれを裏付けていると考える。次に、アメノホヒやアメノワカヒコが天降

国譲りの舞台（稲佐の浜）

りしたもののオオクニヌシにとりこまれたというくだりは大陸方面から幾次にもわたって有力な集団が渡来していたことを物語るものであろう。

タケミカズチとアメノトリフネの行動は、強力な武力で日本の開国を迫った幕末のペリー艦隊のような砲艦外交の弥生版といえるのではないか。タケミカズチとタケミナカタの力比べのくだりは、鉄器で武装した大陸系の渡来集団が青銅器で武装した出雲族を圧倒したことを物語るといえるだろう。

力比べに敗れたタケミナカタが信濃の諏訪に逃げて降参した話は、先住民である縄文人の勢力が広く全国に根を下ろしていて、相互に往来が行われていたことを示すものであろう。

オオクニヌシが「太い宮柱の社に祀れ」と要求したことは地上の統治権は譲っても縄文人の心を支配する祭祀権は譲らないという強い意志を示したもので、出雲大社の太く高い宮柱は三内丸山遺跡の六本柱の建物を想起させる。

4 天孫降臨の神話から

続いて、九州の日向を舞台にした天孫降臨の神話を取り上げることにしよう。

国譲りによって葦原の中つ国を治めることになったアマテラスは、天孫にあたる**ヒ**

コホノニニギ（日子番能邇々芸命、アメノオシホミミの子）に天降りを命じた。古事記はニニギに従って天降りした神々の名を記しているが、このうちアメノコヤネ（天児屋命）は祭祀をつかさどる中臣《なかとみ》の連《むらじ》（藤原氏）の祖であり、アメノオシヒ（天忍日命）は軍事をつかさどる大伴《おおとも》の連《むらじ》の祖である。古事記の原型を含めて大和朝廷の歴史編纂作業が行われた七〜八世紀のころ、政治権力を握った有力氏族が天孫（天皇家）とつながりが深いことを印象づけるための記述であろう。

高天の原を出立したヒコホノニニギは国津神であるサルタビコ（猿田毘古神）の道案内で「竺紫《ちくし》の日向《ひむか》の高千穂《たかちほ》の久士布流多気《くじふるたけ》」に天降りした。ニニギは「この地は韓国《からくに》に向かい、笠紗《かささ》の岬にまっすぐに通じ、朝日と夕日の照り輝くよい地だ」といって悦んだと記されている。素直に読めば九州の日向の国に上陸したことになるが、このクジフルタケを北九州とする説もあるようで、よくわからない。

この後の日向神話は海幸彦と山幸彦の語などが展開するが、省略することにして、ニニギのあとの系図を描いておこう。

高千穂峰（天孫降臨神話の里）

図表5　日本神話の系統図

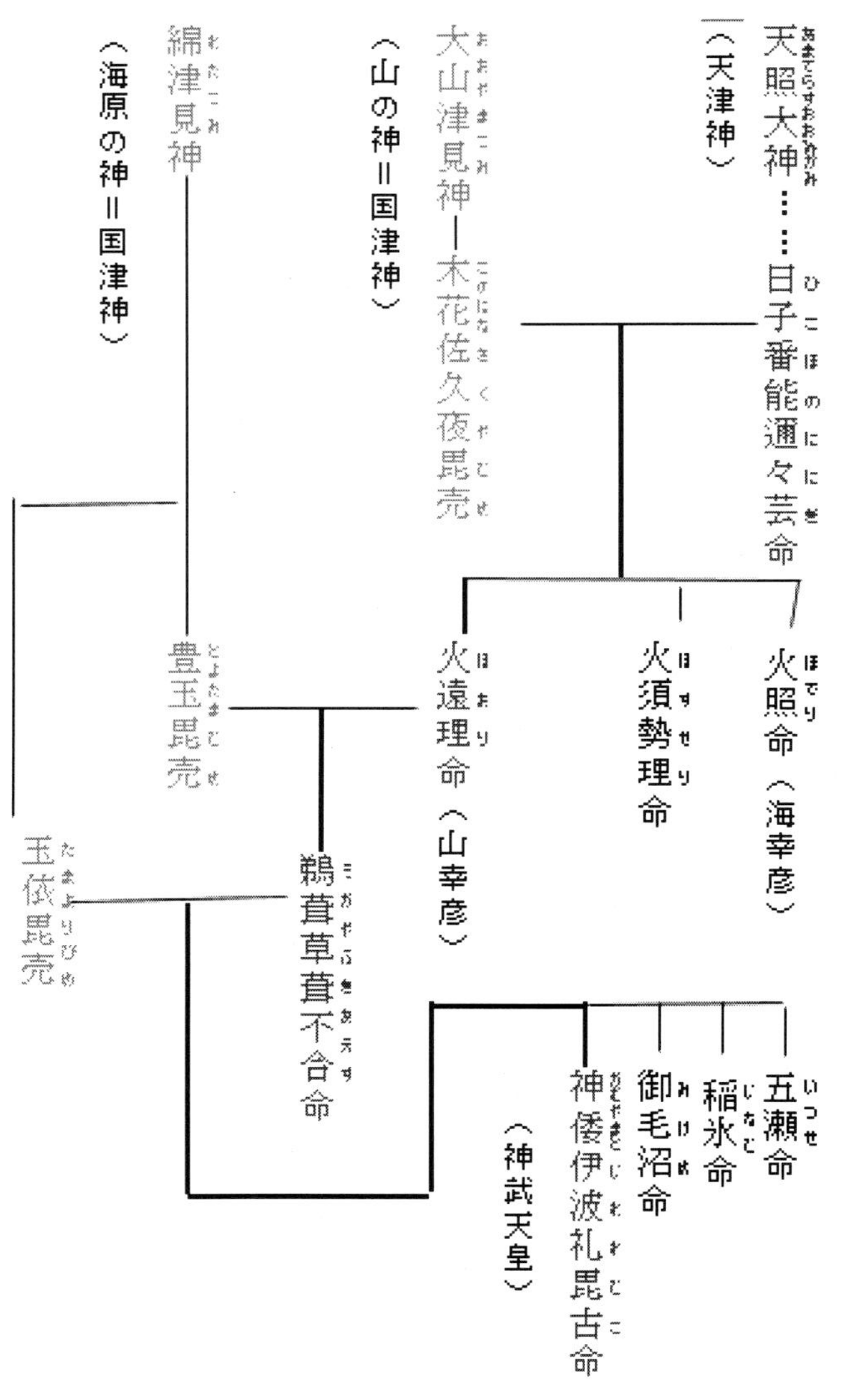

著者作成

この系図を見て気づくことがある。アマテラスの子孫たちがいずれも先住民、すなわち、縄文時代晩期から弥生時代にかけて大陸から渡来した農耕民の集団と農耕生活に入りつつあった縄文人の間で混血が繰り返されたことを物語っていると解釈したい。

5 神武東征の神話から

ここで神代を記した古事記の上巻は終わり、中巻は神武東征の物語からはじまる。まず注目したいのが神武東征の行路である。

日向《ひむか》の高千穂《たかちほ》の宮《みや》を船出《ふなで》した**カムヤマトイワレビコ（神武《こうたけ》）**とその兄の**イツセ（五瀬《いせ》）**は豊後水道《ぶんごすいどう》の速吸門《はやすいのと》を北上して豊国《とよのくに》の宇沙《うさ》（大分県宇佐市）に立ち寄り、竺紫《ちくし》の岡田宮《だみや》（福岡県芦屋町）に一年滞在した。ここから瀬戸内海を東に向かい、安芸の多祁理宮《たけりのみや》（広島県府中市）に七年、吉備の高島宮（岡山県玉野市）に八年滞在したあと、明石海峡の速吸門《はやすいのと》を過ぎて河内の白肩《しらかた》の津（東大阪市）に到ったと古事記は記している。なお（）のなかは推定される所在地である。

神武東征の軍勢は、なぜこのように各地に長く滞在したのだろうか。

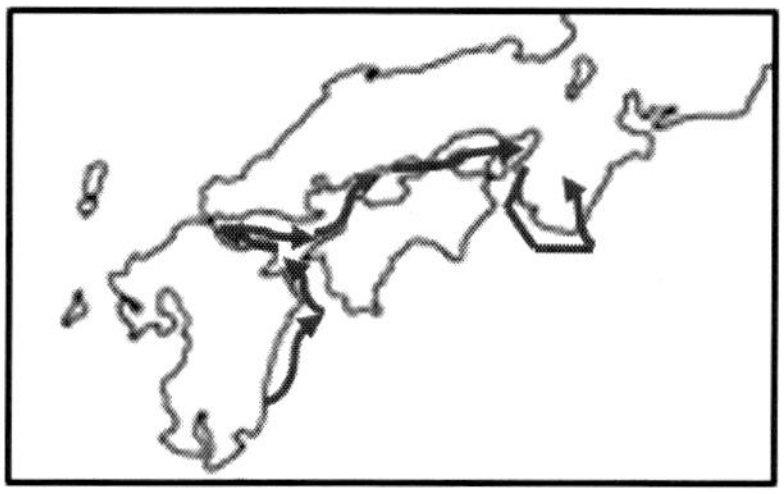

古事記による神武東征の経路（著者）

瀬戸内の沿岸に居住していた縄文人勢力の抵抗があり、その制圧に手間取ったからであろう。瀬戸内沿岸の一帯には、戦いに備えたと思われる遺跡が山の上などに点在しているということで、神武東征は縄文人の抵抗を抑えながら進んだと推定できる。

河内《かわうち》の白肩《しらかた》の津《つ》に上陸した神武軍を日下《くさか》の坂で迎え撃ったのはトミノナガスネビコ（登美那賀須泥毘古）である。日本書紀には長髄彦《ながすねひこ》と記されており、この方が通りがよいと思われるが、登美《とみ》というのは現在の奈良市富雄のことで、長髄彦は大和盆地の北西部を支配していた一族の長であろう。この戦でイツセは手傷を負い、紀《き》の国の男《お》の水門《みなと》（大阪府泉南市）で亡くなってしまった。

国譲り神話でみたように、出雲を中心としたオオクニヌシの勢力はすでにかなりの武力を備えていた。その勢力は日本海沿岸の筑紫の国から越の国にわたり、大和の国にも広がっていたと推定したい。オオクニヌシは筑紫の胸形《むなかた》（宗像）に祀られるタギリビメ（多紀理毘売）を娶っており、その間に生まれたアジスキタカヒコネ（阿遅鉏高日子根神）は農耕の神とされる。この神は大和の葛城《かつらぎ》にある高鴨神社《たかがもじんじゃ》の祭神である。

また、大和の三輪山《みわやま》に祀られたオオモノヌシ（大物主神）は海を照らしてオオクニヌシの前に姿を現し、出雲の国づくりを援けたと古事記は記している。このほかオオクニヌシに連なる神々の系譜をみると、縄文勢力の中心にあった出雲勢力は大和にも広がっていたと思われる。長髄彦は大和盆地に割拠した出雲族を統率する有力者であったと考えたい。各地に残存した出雲勢力はオオクニヌシが国譲りをしたあとも、渡来集団（天孫族）に服従せずに抵抗したことを伝えているのであろう。

日下の坂で痛手を負った神武軍は紀伊半島を回り、熊野から山の中を北上して大和を目指した。荒ぶる神の化身である大きな熊の毒気にあたって神武の軍勢が気を失うなどの困難に出会ったが、神武軍は高間の原の神の助けによって抵抗する人々を平らげ、大和に入った。八咫烏《やたがらす》の神話もご存知であろう。

この熊野の征旅では、漁《すなど》りの国津神（鵜飼の祖）や異形の国津神（尾がある人＝毛皮をつけた山人）が出迎えたと古事記は記している。また土蜘蛛と蔑称された先住の穴居民が神武軍にだまし討ちにされた話も記されている。

こうした神武東征の物語から、縄文人の集団には大きな地域差があったことがうかがえる。出雲族のように青銅器の武器を蓄積した先進的な地域集団に対して、狩猟採集の生活を続けていた縄文人の集団もいたわけで、縄文社会も地域によってかなり違っていたとみるべきであろう。

古事記はこのあと、神武天皇にはじまる皇統の物語を記している。初代天皇に即位したカムヤマトイワレビコ（神武）が娶ったイスケヨリヒメ（伊須気余理比売）

は三輪山の神オオモノヌシの娘（神に仕える巫女）であり、征服者が先住民の支配者の娘を娶ったことになる。その間に生まれて第二代天皇になったカムヌナカワミミ（神沼河耳命＝綏靖天皇）は師木《しき》（現在の磯城《しき》）の河俣毘売《かわまたびめ》を娶り、その後継である第三代天皇のシキツヒコタマテミ（師木津日子玉手見命＝安寧天皇）も河俣毘売の姪にあたる娘を娶っている。

このあとの皇統を伝える物語は省略するが、歴代の天皇がいずれも大和盆地に割拠していた有力氏族の女性を娶っていることは、征服者である渡来民族が先住民との混血を繰り返すことによって、縄文人の社会と同化していった歴史を物語るものだろう。

このような混血は大和地方からはじまり、現在の近畿地方北部、瀬戸内地方、東海地方へと広がっていったと思われる。現在の東北、北陸、山陰、四国南部、九州南部などの人々と上記の本州中央部の人々の顔立ちや言葉にそれぞれの特徴を見つけることができるが、このような歴史的背景を反映していると考えたい。

古事記や日本書紀に記されたヤマトタケル（倭建命）の征西物語は、大和朝廷が古墳時代に入ったころから九州の南部にいた縄文人勢力（熊襲）や山陰に残存していた出雲勢力を服従させていった歴史を反映するものである。またヤマトタケルの東征物語は同様に大和朝廷の支配地域を東海地方より東にむけて拡大させていった歴史を物語っている。記紀が語るように、こうして縄文人の世界は次第に東北地方に追い詰められていったのである。

第９章　縄文遺跡を世界遺産に

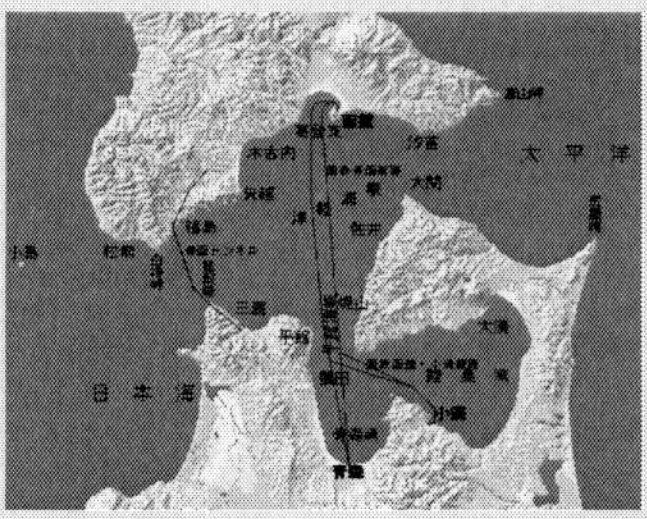

縄文文化が栄えた

北海道・北東北地域

北海道と北東北に点在する縄文遺跡群を世界文化遺産に、という運動は二〇〇二年にはじまった。北海道と青森・秋田・岩手の四道県による知事サミットで「北の縄文文化回廊づくり構想」が提唱されたことによるもので、これをうけた形で文化庁は二〇〇九年、「北海道・北東北の縄文遺跡群」を世界遺産暫定リストに記載した。

縄文遺跡が世界遺産に登録されれば大きな話題になることは間違いない。暫定リストに記載された縄文遺跡群にはどのような遺跡が含まれているのか、世界遺産の登録に向けてどのような課題があるのかなど、知っておきたい問題がある。

そもそも一万年続いた縄文時代が人類の歴史のなかでどのような意味をもっているのか、世界遺産に値するものなのか、考えてみる必要があるだろう。

1　世界文化遺産とは？

一九七二年のユネスコ総会で「世界遺産条約」が採択され、この条約に基づいて世界遺産リストに登録された世界遺産は二〇一七年現在で一〇七三件にのぼっている。世界遺産は文化遺産（832件）と自然遺産（206件）、それにこの二つの複合遺産（35件）に分類されるが、世界文化遺産は条約によって「歴史上、学術上、芸術上、**顕著な普遍的価値**を有するもの」と定義されている。

世界遺産条約を締結した国には自国の文化遺産・自然遺産を保護する義務が課せられており、他国の保護活動に対する国際的援助も求められている。また条約によって21の締約国の政府代表からなる世界遺産委員会の設置が定められており、世界遺産委員会は「世界遺産一覧表」と「危険にさらされている世界遺産一覧表」を作成する任務をもっている。

世界遺産一覧表に記載されること、つまり世界遺産に登録されるまでの手順を書いておくと、

①条約の締結国は世界遺産を**構成する資産**を特定し、その資産が「顕著な普遍的価値」をもつことを証明して推薦する

②委員会のもとにおかれた専門機関（ICOMOS）が世界遺産に値するかどうかを

事前に審査する
③世界遺産委員会で協議のうえ決定する
この三つの段階を経て世界遺産に登録されるのであって、「縄文遺跡群」の場合は推薦するかどうかを文化庁が検討している段階である。

「構成する資産」と書いたが、世界遺産は土地や建造物、記念碑などの不動産に限られていて、動かすことのできる美術品などは世界遺産の対象にならない。古代の寺院が世界遺産に登録されても、なかに安置されている仏像は世界遺産の対象にならないわけである。

したがって「縄文遺跡群」から出土した土偶や土器は直接、世界遺産に登録されるわけではない。遺跡が「顕著な普遍的価値」をもつことを証明する文化財に位置づけられるのである。


それでは「顕著な普遍的価値」とはなにかということになる。

世界遺産条約にはその定義が書かれていない。そこで世界遺産委員会は普遍的価値を「国家の枠にとらわれずに、現在だけでなく**将来の人類にとっても大きな価値**をもつ」と定め、そのうえで**世界文化遺産の登録基準**として次の六項目を挙げている。

①人間の創造的才能を著す傑作である
②建築、科学技術、記念碑、都市計画、景観設計の発展に重要な影響を与えた、ある期間にわたる価値観の交流又はある文化圏内での価値観の交流を示すものである
③現存するか消滅しているかにかかわらず、ある文化的伝統又は文明の存在を伝承する物証として無二の存在（少なくとも希有な存在）である
④歴史上の重要な段階を物語る建築物、その集合体、あるいは景観を代表する顕著な見本である
⑤あるひとつの文化（または複数の文化）を特徴づけるような伝統的居住形態若しくは陸上・海上の土地利用形態を代表する顕著な見本である（特に不可逆的な変化によりその存続が危ぶまれているもの）
⑥顕著な普遍的価値を有する出来事（行事）、生きた伝統、思想、信仰、芸術的作品、あるいは文学的作品と直接または実質的関連がある（この基準は他の基準とあわせて用いられることが望ましい）

顕著な普遍的価値

世界文化遺産に値すると認められるためには、この基準の一つ以上に合致するこ

とが求められる。「縄文遺跡群」はこの基準のどれに該当するのだろうか。

私の勝手な推測でしかないが、登録基準③の「ある文化的伝統又は文明の存在を伝承する物証」、④の「歴史上の重要な段階を物語る見本」、⑤の「ある一つの文化を特徴づける伝統的居住形態の見本」、⑥の「顕著な普遍的価値のある生きた伝統、思想、信仰との実質的な関連」のいずれにも合致しているのではないだろうか。

私がこう考える理由をあげると、

・定住生活の開始は歴史上の重要な段階に入ったことであり、縄文時代早期の土器を伴った遺跡の存在はそれを証明する（④の説明）

・縄文時代の集落は森と海の資源を上手に利用できる土地に形成されており、「自然との共存を基盤とする文化」を特徴づける伝統的居住形態の見本である（⑤の説明）

・縄文文化は「木の文化」であり、その文化的伝統は現在に受け継がれている。巨木建造物の存在を示す縄文遺跡は『木の文化』の物証である（③の説明）

・縄文遺跡のストーンサークルや秀麗な山を仰ぎ見る立地条件は「祖霊との交感」「生命への畏敬」「自然との共生」を中心とする縄文人の精神文化を示すもので、現在の日本人につながる文化的伝統である（⑥の説明）

真正かつ完全

文化庁が「縄文遺跡群」の「顕著な普遍的価値」をどのように説明するか、明らかではないが、推薦することになれば、構成する資産のすべてについて、普遍的価値が「真正かつ完全」であることを証明しなければならない。ところが世界遺産の登録を審議するときに、しばしば「真正性」と「完全性」が問題になる。

真正か否かが問題になった例として、ポーランドのワルシャワ歴史地区をあげてみよう。ワルシャワは第二次世界大戦で徹底的に破壊され、戦後、建物のひび割れまで忠実に再建されたのであるが、再建された市街地は真正ではないから（＝まがい物だから）登録すべきではないという意見が出て紛糾した。この時は他のヨーロッパの再建都市を対象としないということで折り合いがつき、ワルシャワ歴史地区は世界遺産に登録されたのであった。

ヨーロッパの文化遺産は石の建造物が多いので、当初の形態がそのまま保存されることが多いが、アジアに多い木の建造物は痛んだ建材を取り換えたり、一定の期間が経つと建て替えたりすることが通例である。石の文化と木の文化の違いである。再建された建造物は真正でないとすると、アジアの木の建造物は世界遺産の対象から外されることが多くなる。

これについて国際会議で議論した結果、木造建築物が真正であるかどうかは、文化的背景を考慮する必要があるということになり、伝統的な工法や機能が維持されていれば「真正性」を認めることになっている。

もう一つの完全であるか否かの論点について「富士山―信仰の対象と芸術の源泉」の例をあげてみることにしよう。

日本政府は「日本人の芸術の源泉になっている」という理由で三保の松原を世界遺産に含めたのであったが、審査する専門家たちは三保の松原を世界遺産から除外すべきだと勧告した。三保の松原は開発の影響を受けており、「顕著な普遍的価値」が完全であるとはいえないという理由であった。

このときは日本政府の説得によって三保の松原を含めることで決着したが、世界遺産の登録はなかなか面倒なもので、余計なものを含めて登録を推薦するとかえって問題になりやすいことを示している。縄文遺跡を世界遺産に、といっても簡単ではないことが分かる。

2 世界遺産の候補である縄文遺跡は？

文化庁の世界遺産暫定リストに記載された「北海道・北東北の縄文遺跡」の構成資産は16件で、図表はこれらの縄文遺跡を時代別に配列したものである。

図表6 北海道・北東北の縄文遺跡群リスト

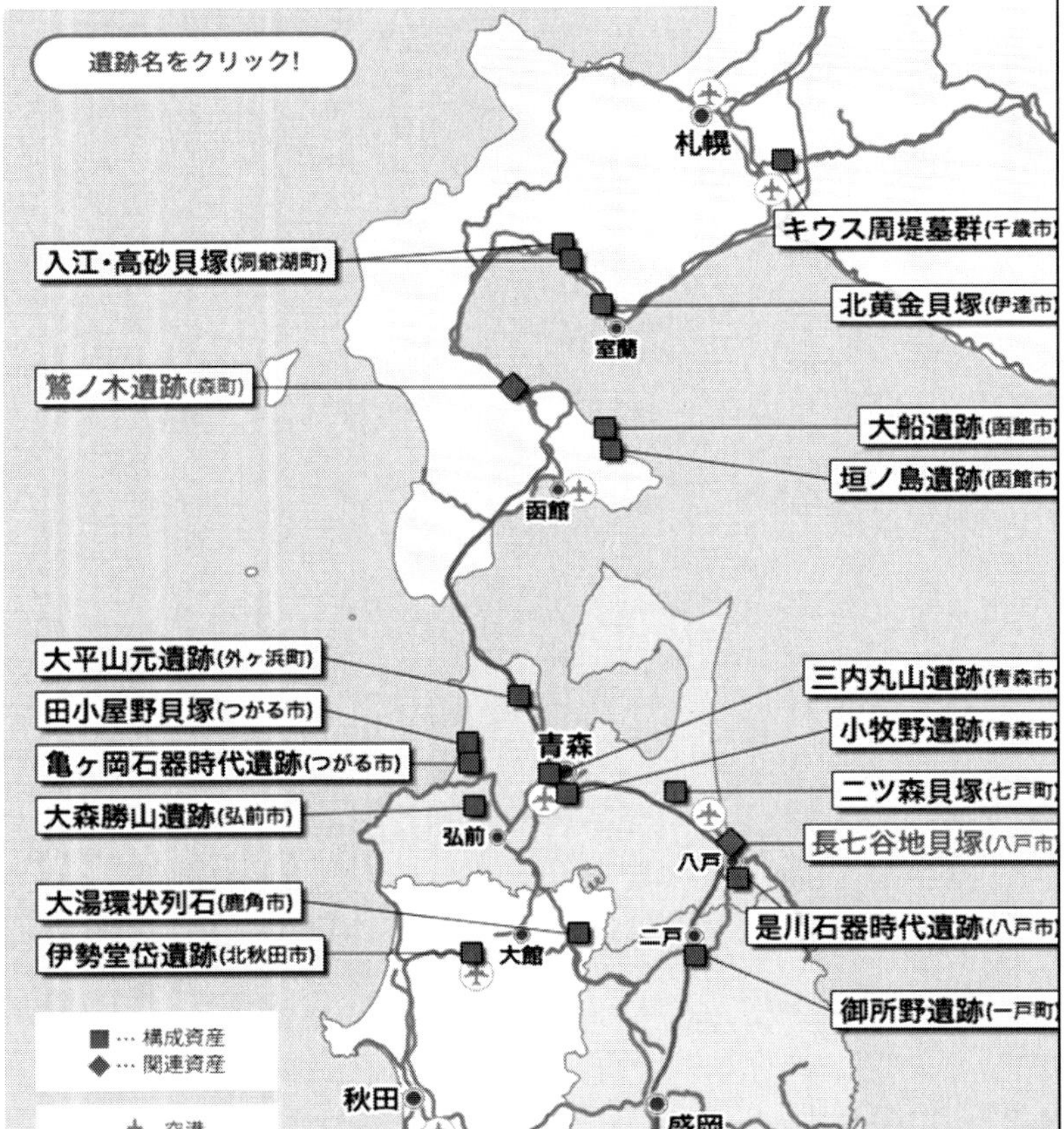

図表7　北海道・北東北の縄文遺跡　（時代区分）

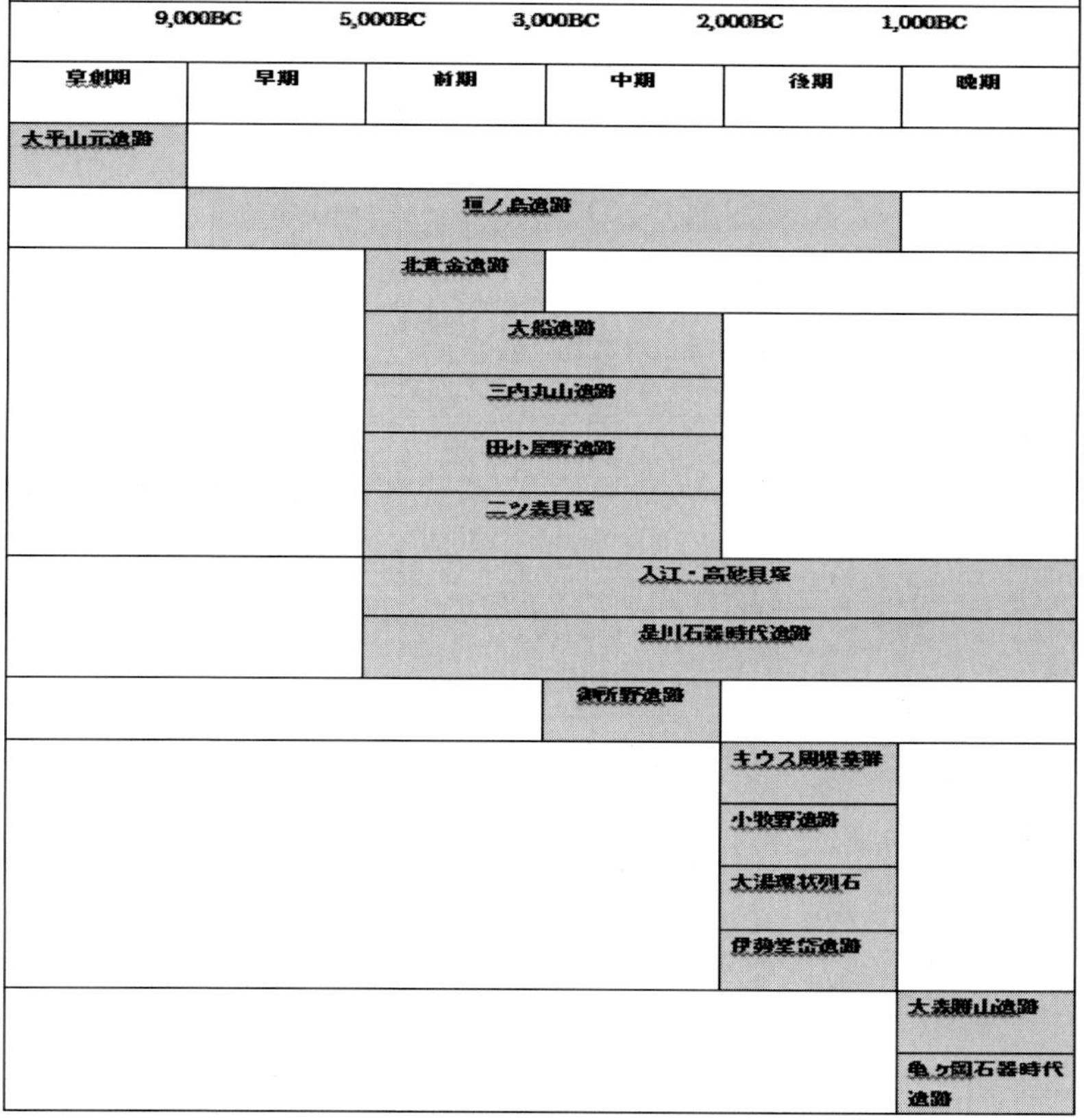

北海道　①垣ノ島遺跡（函館市）②大船《おおふね》遺跡（函館市）③北黄金貝塚（伊達市）

④入江・高砂貝塚（洞爺湖町）⑤キウス周堤墓《しゅうていぼ》群（千歳市）

青森県　⑥三内丸山遺跡（青森市）⑦小牧野遺跡（青森市）

⑧是川石器時代遺跡（八戸市）⑨亀ヶ岡石器時代遺跡（つがる市）⑩田小屋《たごや》野《の》貝塚（つがる市）　⑪大森勝山遺跡（弘前市）⑫二ツ森貝塚（七戸町）

⑬大平山元《おおだいやまもと》遺跡（外ヶ浜町）

岩手県　⑭御所野《ごしょの》遺跡（一戸町）

秋田県　⑮大湯環状列石（鹿角市）⑯伊勢堂岱《いせどうだい》遺跡（北秋田市）

これらの縄文遺跡は津軽海峡をはさんだ地域に点在しており、一つの地域文化圏を形成していたことがわかる。遺跡の所在地をよくみると、北海道では渡島《おしま》半島の噴火湾沿いの地域に、また青森県の陸奥湾沿いの地域に集中しており、この土地の縄文人は豊かな海の恵みを生活の糧にしていたことを示している。

三内丸山遺跡をはじめ垣ノ島遺跡、大湯環状列石、伊勢堂岱遺跡、亀ヶ岡石器時代遺跡については、第1章から第4章でとりあげているが、ほかの遺跡もそれぞれに特色があるので簡単に紹介しておこう。

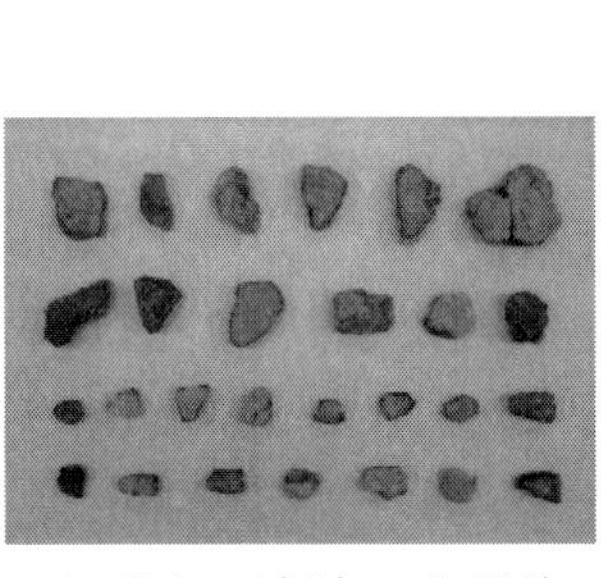
大平山元遺跡・土器片

草創期**の大平山元遺跡**は定住生活に移行する時期の遺跡と考えられている。出土した土器片は文様がない無文土器であるが、付着していた炭化物の年代測定を行ったところ、一六五〇〇年前（放射性炭素測定の結果を補正）のもので、世界最古のものであることが分かった。付近に竪穴のようなものは見つからないため、テントに類するような居住空間で暮らしていたのではないかと考えられている。

縄文時代早期には北海道にまで縄文文化が広まったことを第2章で述べた。太平洋に面した海岸段丘にある**垣ノ島遺跡**は紀元前七〇〇〇年から六〇〇〇年にわたって定住生活が続いたことを示す集落遺跡である。世界最古級の漆製品が出土したことは先に紹介したが、後期のものとされる漆塗りの土器（注口土器）は見事もので、縄文人の高い技術と精神文化を伝えている。

北海道の噴火湾に面した**北黄金遺跡**は紀元前五〇〇〇年から三五〇〇〇年続いた縄文時代前期・中期の集落遺跡で、貝塚から貝殻や魚の骨のほか海獣の骨が多く出土している。縄文人が海の民であったことがわかるが、気象の変動によって海岸線が上下したためこれにあわせて貝塚の位置も上下している。ここに暮らした人々が環境の変動に適応して生活の場を替えていた痕跡である。

この地域には**三内丸山遺跡**をはじめ縄文時代の前期から中期にかけての縄文遺跡が多く発見されている。青森県の太平洋側、小川原湖畔の台地にある**二ツ森貝塚**は三内丸山遺跡に匹敵する規模をもち、長期間にわたって定住生活が営まれたことを示している。鹿角を加工した見事な飾り櫛が出土していて、縄文人の優れた技と美意識をうかがわせる。櫛に小さな穴を二つ、三つ…と記したデザインがどうも気になる。私には縄文人の数の意識を示しているように思えるのだが、どうであろう。

北黄金遺跡・貝塚の鹿角

二ツ森貝塚・鹿角櫛

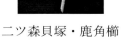

岩手県の北部に位置する**御所野遺跡**は中央の広場に配石遺構を伴う墓地が造られ、それを囲んで竪穴や掘立柱の建物が並ぶという集落の構造が明らかになっている。盛り土の遺構からは土器などとともに焼かれた獣の骨や祭祀用の土製品が見つかっており、アイヌのイオマンテのような「火送り」の儀式が行われたのではないかという。

縄文時代の後期を代表する遺跡として**大湯環状列石**と**伊勢堂岱遺跡**をとりあげ、第2章と第4章で縄文人の宗教意識を考えてみた。三内丸山遺跡に近い**小牧野遺跡**も特異な石の組み方をした環状列石がある。この遺跡で四〇〇点も出土した三角形の岩版にはさまざまな模様が刻まれている。祭祀の呪文のようなものかもしれないが、謎である。

縄文時代晩期の**亀ヶ岡遺跡**は第2章と第4章でとりあげたが、青森県の岩木山山麓にある**大森勝山遺跡**も縄文人の精神生活を考えるうえで見逃せない。今から三〇〇〇年前の環状列石を中心にした遺跡で、台地を整地して円丘状に盛り土を行い、その周りに77基の組み石を配置している。

小牧野遺跡・線刻石片岩版

冬至の日の太陽はこの環状列石から南西に見える秀麗な岩木山の山頂に沈むことが確かめられている。環状列石から一〇〇メートル離れた地点で見つかった大型竪穴建物跡は岩木山を望むこの直線上にある。第4章でとりあげた八ヶ岳周辺の環状列石と秀麗な山岳との関係がここでもみられるのである。

以上、「北海道・北東北の縄文遺跡群」を概観したが、縄文時代を通じて北海道と北東北が密接な関係にあり、津軽海峡をはさんだこの地域に「地域文化圏」が存在していたことは理解できる。一万年続いた日本列島の縄文文化をほぼ網羅しているといってよいであろう。

狩猟・漁労・採集を基盤とした定住生活を一万年にわたって継続してきたことを示す日本列島の縄文遺跡が人類の歴史の上で「顕著な普遍的価値」を有することについては異論がないだろうと私は考える。

しかし、文化庁は世界遺産の暫定リストに記載したまま、世界遺産委員会に「北海道・北東北の縄文遺跡群」を推薦することを見送ってきた。その理由はなにか。関係者の間ではいろいろな意見が出されているようだが、最も大きな問題は北海道と北東北の縄文文化が日本列島の縄文文化を過不足なく代表しているかどうか、という点にあるようだ。

大森勝山遺跡・岩木山の冬至

確かに豊かな精神性を感じさせる土偶や火焔式土器などを出土した本州山岳地帯の縄文遺跡、あるいは弥生時代に移行する時期の縄文遺跡を加え、そのなかから精選した縄文遺跡を「日本列島の縄文遺跡群」として世界遺産に推薦する選択肢もあるだろう。懸案であった「長崎の教会群とキリスト教関連資産」の登録が実現した今、「北海道・北東北の縄文遺跡群」の推薦は好機を迎えているように思われる。問題はあくまでも縄文遺跡群が将来の人類にとって大きな価値をもっていることを他国の関係者に納得してもらうかであろう。この点で偉大な文化人類学者であるレヴィ＝ストロースさん（故人）の所論は参考にすべきでないかと私は考えている。

3　レヴィ＝ストロースの日本文化論

ちょうど三〇年前のことになるが、一九八八年三月、「世界の中の日本」をテーマにしたシンポジウムが京都で四日間にわたって開催された。前年に創設された国際日本文化研究センターが主催したもので、初日にはクロード・レヴィ＝ストロース、ドナルド・キーン、梅原猛の三氏による記念講演が行われた。この記念講演は『中央公論』の昭和63年5月号に掲載されている。

レヴィ＝ストロース

読み返してみると、縄文文化の本質についてレヴィ＝ストロースさんが述べた見解は人類史のなかの縄文時代を考えるうえで、まことに示唆に富んでいるように思われる。そこでレヴィ＝ストロースさんの講演の要点を紹介しておこう。

クロード・レヴィ＝ストロース(1908〜2009)はフランスの著名な文化人類学者で、アメリカ先住民の親族関係など世界諸民族の研究を通じて「いかなる民族もその民族独自の社会構造をもつ」ことを立証した。彼は神話学や言語学にも通じた思想家であり、未開社会＝野蛮（混沌）、文明社会＝洗練された秩序、とする西洋中心主義的な思考は無意味であると批判している。

日本と日本文化についても、レヴィ＝ストロースは深い関心を持ち続け、一九七七年以来、数回にわたって日本を訪れている。日本の文学や伝統文化にも造詣が深く、一九九三年にはＮＨＫの「ＥＴＶ特集」でレヴィ＝ストロースへのインタビュー番組が放送されている。第１回のタイトルは「自然・人間・構造」、第２回のタイトルは「日本への眼差し」であった。

国際日本文化研究センターでの記念講演は「混合と独創の文化—世界の中の日本文化」（大橋保夫訳）と題して行われた。レヴィ＝ストロースはこの講演の冒頭で日本神話の海幸彦と山幸彦の物語をとりあげ、神話と歴史、日本の神話と世界の神話、日本神話の独自性について次のように述べている。

【神話と歴史＝日本と西洋の違い】

…われわれ西洋人にとって、神話と歴史との間は深い淵で隔てられています。それに対し、もっとも心を打つ日本の魅力の一つは、神話も歴史もごく身近なものだという感じがすることなのです。今日なお、たくさんのバスで観光客が押しかけて来るのをみれば、国の初めを語る神話やその舞台と伝えられる雄大な景色のために、伝説の時代と現代の感受性との間に生きた連続性が保たれているのだとわかります。

【日本の神話と世界の神話】

…古事記はより文学的ですし、日本書紀はより学者風です。しかしスタイルこそ違え、どちらも比類のない巧みさをもって世界の神話の重要テーマのすべてをまとめ上げています。

…こうして「日本は広大な大陸の末端周辺部に位置し、また長く孤立していたにもかかわらず、そのもっとも古い文献が、他の地域ではバラバラの断片になった形でしか見られないさまざまな要素の完璧な綜合を示しえたのはなぜか」という、日本文化の根本問題が提起されます。

…日本は均質性の比較的高い一つの民族、一つの言語、一つの文化を形成していますが、それに加わった要素は様々であったに違いありません。ですから日本はまず出会いと混和の場所だったのです。ところが旧大陸の東端というその地理的位置や何度も繰り返された孤立のために、日本はまた一種のフィルターの役割も果たしたのです。…借用と綜合、シンクレティズム（混合）とオリジナリティ（独創）のこの反復交替が、世界における日本文化の位置と役割を規定するのにもっともふさわしいものと私は考えます。

以上、レヴィ＝ストロースは日本文化の連続性を指摘するとともに、大陸の東端という日本列島の地理的条件によって、文化の混合と孤立による文化の独創が繰り返され、日本文化の独自性が生まれたと説いている。

第7章「日本神話のなかの縄文人」で、大陸からの渡来民集団が在地有力者との婚姻を通じて縄文人の社会に融合していったことを指摘し、そのプロセスが日本神話に示されていると書いた。レヴィ＝ストロースの講演を読み返すと、私の所論もまんざらではないと思うのであるが、いかがであろうか。

縄文土器の独自性

次にレヴィ＝ストロースが縄文土器の独創性を指摘した発言を引用しておこう。

…狩猟・漁撈・定着採集民の作った縄文文化は、農業をもちませんが、土器の製作に優れ、この点では比類のない独創性をわれわれに示してくれます。人間の作った様々な文化のどれを見ても、この独創性に並ぶものがありません。縄文土器に類する土器はまったくないのです。古さにおいてもそうで、これほど昔に遡る土器の技術は知られておりません。またそれが一万年もの長いあいだ続いたことでもほかに並ぶ例がありません。とりわけその様式が独創的です。とくに、ゴシック美術の用語を借りてフランボワイヤン様式*と名付けてもよさそうな中期縄文時代の火焔土器を頂点とする驚くべき表現に対しては、説明のためのたとえに適当なものさえ見あたりません。（＊燃えさかる炎）

縄文の精神

この発言のあと、日本文化のなかに縄文文化の特質が生き続けていることを指摘して次のように述べている。

…弥生文化によって大きな転換が起こったにもかかわらず、現代の日本にはなにかしら「縄文精神」とでも呼んでよいようなものが残っているのではないかと思ったことがよくありました。日本美術の変わらぬ特徴として、制作の手早さと確実さがありますが、そのためには、一方で技術が完全に身についていなければなりませんし、また作る物を前にしての長い熟考の時間が必要です。入神の技を発揮した縄文土器の作者たちも、おそらくこのような条件を満たしていたのではないでしょうか。

また幅や硬さの違う、薄く裂いた竹のおもいがけぬ組み合わせで、いろいろ変わった面白い竹製品が作られていますが、この竹籠の類の様式には、はるかな昔の縄文土器と同じ原理が、形を変えて、名残をとどめているのではないでしょうか。…

だいぶ長い引用になってしまったが、世界諸民族の社会生活や精神文化を熟知しているレヴィ＝ストロースが縄文文化の特質として連続性と独創性を指摘していることは心強いことである。一万年続いた日本列島の縄文文化は世界文化遺産に登録するだけの価値があると思えてくる。

結びにかえて　＝いま　見直される縄文の世界＝

人類が誕生してから五百万年か六百万年。原人から旧人、旧人から新人へ移ってきた人類の歴史をふりかえると、そのほとんどの期間は狩猟・採集の生活であった。狩猟・採集の社会のなかに農耕社会が出現してからせいぜい一万年。工業社会に移行してから三百年に満たない。

現代の地球社会はＩＴ技術の普及とともに急速に変貌していることは確かである。地球は狭くなり、時間は短縮している。生活のスタイルは変わり、経済的な効率性が支配する社会になっている。情報技術を駆使するものに富は集中し、情報貧民は容赦なく切り捨てられていく。富めるものはますます富み、貧しき者はますます困窮する。格差の拡大は一国の国内問題でなく、地球社会の問題である。

このような現代社会に生きている者として、一万年も狩猟採集の生活が続いた縄文社会をふりかえることはどのような意味をもっているのだろうか。私は現代に生きる者の視点だけで現代社会を考えても問題の根源に迫ることはできないのではないかと感じている。何か視座の転換―巨視的に歴史を見つめる姿勢―が必要なのではないだろうか。その意味で縄文一万年の人間の営みを振り返ることは現代社会の見直しにつながるのではないだろうか。

縄文時代の生活様式は確かに自然と共に生きることにあった。その根源には「山川草木ことごとく生命があり、人間はその生命をいただいて生きている」という観念があったと考えられる。日本文化の根底には、このような縄文人の世界観が息づいているのではないだろうか。

これに対し、自然は人間のためにあり、人間がいかに自然を利用するかは人間の能力にかかっているという考え方があるだろう。こうした人間中心の観念が現代科学技術文明の根底にあるように、私は感じている。しかし、核の問題や地球環境の悪化の問題などを考えると、人類はもっと謙虚にならないといつか破局的状況に立ち至るのではないかと不安になる。

そこで縄文人の自然に対する観念が現代文明のアンチテーゼとして、光を帯びてくる。縄文の世界に共感する声が上がるのも当然だろう。しかし、縄文と同じ時代に出現した世界の古代文明に目を向け、その功罪を直視することも必要だろう。それなしにただ縄文の世界を賛美するのは「夜郎自大」のそしりをまぬかれない。

メソポタミア文明、エジプト文明、インダス文明、そして中国の黄河文明と長江文明。こうした古代都市文明とくらべてみると、三内丸山遺跡にしても色あせて見えることは間違いない。巨大な城壁、壮大な神殿、きらびやかな金属文化…。

問題はこうした古代都市文明がいかにして建設されたかである。巨大な城壁の存在は誰かに攻撃される不安によって建設されたことに違いない。壮大な宮殿の存在は富の集中を意味するものにほかならない。剣や矛などの金属武器が他の集団との戦闘に備えて蓄積されたものであることはいうまでもない。

これに対し、同じ時期に営まれた日本列島の縄文遺跡は巨大な城壁はもちろん、集落を外敵から守る環濠もない。王の存在を誇示する巨大な建物や巨大な王墓もない。青銅器の剣や矛など金属製の武器が現れるのは、大陸からの渡来民が日本列島に渡来した弥生時代以降のことである。

こうしてみると、人間にとってどちらが幸せなのか、考えさせられる。もちろん、現代に生きる私たちが縄文の時代に帰ることはありえない。しかし、大量生産・大量消費を前提として成立している現代社会のアンチテーゼとして、縄文の世界は現代文明に何かを問いかけていることは間違いないだろう。

今年の七月から東京国立博物館で「縄文 一万年の美の鼓動」と題した特別展が二か月にわたって開かれる。この本で紹介した土器や土偶、精巧な漆塗り製品、ヒスイの大珠など縄文の美がずらりと並ぶということである。日本文化の原点である縄文の世界にふれて、日本と日本人がこれからどこに向かうのか、思いを巡らしてみたいと考えている。

平成三〇年六月　　土谷精作

【主な参考文献】

『梅原猛著作集第六巻・日本の深層』（二〇〇〇年、吉川弘文館）

＊京都に設立された国際日本文化研究センターの初代所長に就任し、日本文化に関する国際的な研究を牽引してきた。

『縄文人の文化力』（一九九九年、新書館）、『縄文の思考』（二〇〇八年、ちくま新書）

＊著者の小林達雄さんは縄文土器の研究で有名な考古学者で、定住生活を始めた縄文人の生活と文化の現代的な意義を提唱している。

『縄文の生活誌』（二〇〇〇年、講談社・日本の歴史第１巻）

＊著者の岡村道雄さんは東北歴史資料館勤務を経て文化庁主任文化財調査官を務め、日本の旧石器時代遺跡に好意的立場を示していたが、この本を出版した直後に発覚した旧石器発掘捏造事件をうけて改訂版を出した。

『日本人の誕生』（一九九六年、吉川弘文館）

＊著者の埴原和郎さんは形質人類学の立場で日本人のルーツを研究し、アイヌや沖縄の人々と縄文人の関係を解明した。一九八四年に埴原さんが提起した日本人の起源についての仮説はその後の学会をリードしている。

『分子人類学と日本人の起源』（一九九六年、裳華房）

＊分子人類学の尾本恵市さんは人間の遺伝子解析手法を通じて人類の生物学的系統を研究し、アイヌの人々が縄文人の後裔であることを立証している。国際日本文化研究センターの教授も勤めた。

『縄文文明の環境』（一九九七年、吉川弘文館）

＊地理学者である安田喜憲さんは自然環境の変化と古代文明の比較研究を行い、環境考古学を提唱した。国際日本文化研究センターの名誉教授で、環境や文明についての著作が多数ある。

『縄文語の発見』（一九九八年、青土社）

＊著者の小泉保《こいずみたもつ》さんは日本言語学会や日本音声学会の会長を歴任し、比較言語学の手法を用いて縄文語と日本語の連続性を解明している。

『日本美　縄文の系譜』（一九九一年、新潮社）

＊著者の宗左近《そうさこん》さんは詩人で美術評論家であり、縄文人の心を歌った詩集や縄文文化の芸術性を論じた著作を残している。

『戦争の考古学』（二〇〇五年、岩波書店）、『出雲の銅鐸』（一九九七年、ＮＨＫ出版）

＊著者の佐原真さんは大阪に生まれ、少年時代から考古学に興味をもって弥生時代を中心に戦争の起源などの研究生活を続けた。奈良国立文化財研究所を経て国立歴史民俗博物館館長を務めた。

『世界史のなかの縄文』（二〇〇一年、新書館）

＊佐原真、小林達雄両氏の対談集で、定住と栽培、農耕の歴史的な意味や戦争と集団暴力をめぐる歴史観などをめぐって互いに所信をぶつけ合っている。

『縄文人のこころ』（一九八三年、日本書籍）

＊著者の上野佳也さんは縄文の考古学に取り組んだ東大名誉教授で、縄文土器の文様の変遷が情報の流れを示すとして縄文人の精神生活を論じている。

『世界遺産　縄文遺跡』（二〇一〇年、同成社）

＊文化庁の世界遺産暫定リストに記載された北海道・北東北の縄文遺跡を分かりやすく解説し、縄文文化の魅力を伝えている。編纂者は小林達雄さん。

『海を渡った縄文人』（一九九九年、小学館）

＊編集者の橋口尚武さんら六人の考古学者による共同執筆で、縄文時代の日本列島における交流・交易の実態を明らかにしている。

『出雲と大和　―古代国家の原像をたずねて』（二〇一三年、岩波新書）

＊著者の村井康彦さんは日本古代・中世史を専門とする歴史学者で、国際日本文化研究センター名誉教授。この著書のなかで、村井さんは強大な勢力を有していた出雲勢力が早くから大和に進出していたことを立証し、「邪馬台国は出雲勢力の立てたクニであった」と述べている。

【著者のプロフィール】

土谷　精作（つちや　せいさく）

　島根県出身、１９３５年生まれ。早稲田大学政治学科を卒業してＮＨＫ記者。札幌勤務を経て社会部記者となり、吉展ちゃん誘拐事件、安保大学紛争、水俣病裁判などを報道。放送計画部長、放送文化研究所長を歴任。退職後、専修大学、大東文化大学ほかで放送論、情報文化論などを担当。日本記者クラブ会員、鎌倉ペンクラブ会員（副会長）。

　主著は『放送　その過去・現在・未来』（丸善）。『随筆　歴史あれこれ　鎌倉の吉田松陰』（かまくら春秋社）など、歴史に題材をとった随筆・評伝を書いている。

（地域活性化シリーズ）『地域のおける国際化』2014年8月	函館の開港は喜んで異文化を受け入れることによって、地域の国際化におおきな役割を果たした。その歴史が現在でも息づいており、今後の年のあり方にも大きな影響を与えている。これをモデルに地域国際化のあり方を展望する。
コンピュータウイルスを無力化するプログラム革命（LYEE）2014年11月	プログラムを従来の論理結合型からデータ結合型に変えることによってプログラムの抱えている様々な問題を克服できる。プログラムの方法をLYEEの方式に変えることにより、今起こっているウイルスの問題を根本的に解決できる。
（農と食の王国シリーズ）『柿の王国～信州・市田の干し柿のふるさと』2015年1月	市田の干し柿は恵まれた自然風土の中で育ち、日本の柿の代表的な地域ブランドになっている。これを柿の王国ブランドとして新たな情報発信をしていくことが求められている。
（農と食の王国シリーズ）『山菜の王国』2015年3月	山菜は日本独特の四季の女木身を持った食文化である。天然で多品種少量の産であるため一般の流通ルートに乗りにくいがこれを軸に地方と都会の新しいつながりをつくっていこうとの思いから刊行された。
（コミュニティブックス）『コミュニティ手帳』２０１５年９月	人と人をつなぎ都市でも地域でもコミュニティを復活することが求められている。昔からあったムラから学び、都市の中でも新しいコミュニティをつくっていくための理論と実践の書である。
（地域活性化シリーズ）『丹波山通行ッ手形』2016年5月	２０００ｍ級の山々に囲まれ、東京都の水源ともなっているる丹波山は山菜の宝庫でもある。本書では丹波山の観光としての魅力を紹介するとともに、山菜を軸とした地域活性化の具体的方策を提言している。
（農と食の王国シリーズ）『そば&まちづくり」2016年11月	日本独自の食文化であるそばについて、その歴史、風土魅力、料理の作り方楽しみ方などを総合的に見たうえで今後に世界食としての展望を行っている。、
（理論と実践シリーズ）『新しい港町文化とまちづくり』2017年９月	北海道の釧路・小樽・函館をモデルに江戸時代の北前船を源流とする港町文化を見直し、今後のまちづくりとつなげていくという提言の書である。
（農と食の王国シリーズ）『海藻王国』2018年1月	海の幸「海藻」はふるじゅじゃらの日本独自の食文化を形成してきた。海藻は美容や健康に大きな効果があり、日本の豊かな食生活を支えている。地域の産業としても、これからの国際的展開という面からも海藻を見直すべきだと論じている。
（理論と実践シリーズ）『ソーシャルエコノミーの構図』2018年3月	今、日本で起こっている様々な社会的な問題を解決するにあたって、これまでの市場の論理や資本の論理ではない「第3の道」としてソーシャルエコノミーの考えじゃたが必要なことを論じ、その実践的な事例を紹介する。

（目的）

現在地域や社会で起こっている様々な問題に対して新しい視点から問題提起するとともに、各地での取り組み先進的事例を紹介し、実践活動に役立てていただきたいということで設立された。出版方式としてもは部数オンデマンド出版という新しい方式をし、採用した。今後も速いスピードで出版を続けていく予定である。

（連絡先）

神奈川県鎌倉市浄明寺4-18-11　鈴木克也
（電話・FAX）0467-24-2738　　（携帯電話）090-2547－5083

エコハ出版の本

『環境ビジネスの新展開』2010年6月　2000円	日本における環境問題を解決するためには市民の環境意識の高揚が前提であるが、これをビジネスとしてとらえ、継続的に展開していく仕組みづくりかが重要なことを問題提起し、その先進事例を紹介しながら、課題を探っている。
『地域活性化の理論と実践』2010年10月　2000円	最近地域が抱えている問題が表面化しているが、地方文化の多様性こそが日本の宝である。今後地域の活性化のためは、「地域マーケティング」の考え方を取り入れ、市民が主体となり、地域ベンチャー、地域産業、地域のクリエイターが一体となって地域資源を再発見し、地域の個性と独自性を追求すべきだと提唱している
『観光マーケティングの理論と実践』2011年2月　2000円	観光は日本全体にとっても地域にとっても戦略的なテーマである。これまでは観光関連の旅行業、宿泊業、交通業、飲食業などがバラバラなサービスを提供してきたがこれからは「観光マーケティング」の考え方を導入すべきだと論じている。
『ソーシャルベンチャーの理論と実践』2011年6月　2000円	今、日本で起こっている様々な社会的な問題を解決するにあたって、これまでの利益追求だけのシステムだけでなく、ボランティア、NPO法人、コミュニティビジネスを含む「ソーシャルベンチャー」の役割が大きくなっている。それらを持続的で効果のあるものとするための様々な事例について事例研究している。
『アクティブ・エイジング～地域で活躍する元気な高齢者』2012年3月　2000円	高齢者のもつ暗いイメージを払拭し、高齢者が明るく元気に活躍する社会を構築したい。そのための条件をさぐるため函館地域で元気に活躍されている10人の紹介をしている。今後団塊の世代が高齢者の仲間入りをしてくる中で高齢者が活躍できる条件を真剣に考える必要がある。
山﨑文雄著『競争から共生へ』2012年8月　2000円	半世紀にわたって生きものに向きあってきた著者が、生きものの不思議、相互依存し、助けあいながら生きる「共生」の姿に感動し、人間や社会のあり方もこれまでの競争一辺倒から「共生」に転換すべきだと論じている。
『ソーシャルビジネスの新潮流』2012年10月　2000円	社会問題解決の切り札としてソーシャルビジネスへの期待が高まっているが、それを本格化するためにはマネジメントの原点を抑えることとそれらを支える周辺の環境条件が重要なことを先進事例を紹介しながら考察する。
堀内伸介・片岡貞治著『アフリカの姿　過去・現在・未来』2012年12月（予定）2000円	アフリカの姿を自然、歴史、社会の多様性を背景にしてトータルで論じている。数十年にわたってアフリカの仕事に関わってきた著者達が社会の根底に流れる、パトロネジシステムや政治経済のガバナンスの問題と関わらせながらアフリカの過去・現在・未来を考察している。
（アクティブ・エイジングシリーズ）『はたらく』2013年7月　2000円	高齢になっても体力・気力・知力が続く限りはたらき続けたい。生活のためにやむなく働くだけでなく自分が本当にやりたいことをやりたい方法でやればいい。特に社会やコミュニティ、ふるさとに役立つことができれば本人の生きがいにとっても家族にとっても、社会にとっても意味がある。事例を紹介しつつそれを促進する条件を考える。
風間　誠著『販路開拓活動の理論と実践』2013年11月　1600円	企業や社会組織の販路開拓業務を外部の専門家にアウトソーシングするにあたって、その戦略的意義と手法について、著者の10年にわたる経験を元に解説している。
（アクティブ・エイジングシリーズ）『シニア起業家の挑戦』2014年3月2000円	高齢になってもアクティブにはたらき続けるために『シニア起業家』の道もな選択肢である。資金や体力の制約もあるが、長い人生の中で培われた経験・ノウハウネットワークを活かして自分にしかできないやりがいのある仕事をつくり上げたい。

日本文化シリーズ
縄文の世界はおもしろい

2018年 9月10日　初版発行
2018年 9月13日　第2版発行
2018年 9月28日　第3版発行
2018年11月15日　第3版2刷発行

著者　土谷　精作

定価（本体価格2,000円＋税）

発行所　エコハ出版
〒248-0003 神奈川県鎌倉市浄明寺4-18-11
TEL 0467 (24) 2738
FAX 0467 (24) 2738

発売所　株式会社　三恵社
〒462-0056 愛知県名古屋市北区中丸町2-24-1
TEL 052 (915) 5211
FAX 052 (915) 5019
URL http://www.sankeisha.com

ISBN978-4-86487-899-9 C1021 ¥2000E